essentials

Essentials liefern aktuelles Wissen in konzentrierter Form. Die Essenz dessen, worauf es als „State-of-the-Art" in der gegenwärtigen Fachdiskussion oder in der Praxis ankommt. *Essentials* informieren schnell, unkompliziert und verständlich

- als Einführung in ein aktuelles Thema aus Ihrem Fachgebiet
- als Einstieg in ein für Sie noch unbekanntes Themenfeld
- als Einblick, um zum Thema mitreden zu können

Die Bücher in elektronischer und gedruckter Form bringen das Fachwissen von Springerautor*innen kompakt zur Darstellung. Sie sind besonders für die Nutzung als eBook auf Tablet-PCs, eBook-Readern und Smartphones geeignet. *Essentials* sind Wissensbausteine aus den Wirtschafts-, Sozial- und Geisteswissenschaften, aus Technik und Naturwissenschaften sowie aus Medizin, Psychologie und Gesundheitsberufen. Von renommierten Autor*innen aller Springer-Verlagsmarken.

Christian Czarnecki · Eldar Sultanow ·
Sebastian Sebrak · Norbert Gronau ·
Malte Teichmann · Georg David Ritterbusch ·
Sarah Victoria Mohr · Matthias Aumann ·
Marcin Czaban · Stefan Wengler

Ideengenerierung mit KI

Anwendungsfälle als Treiber für Innovation

Christian Czarnecki
Institut für Digitalisierung Aachen (IDA)
Fachhochschule Aachen
Aachen, Deutschland

Sebastian Sebrak
Capgemini Deutschland GmbH, Nürnberg
Deutschland

Malte Teichmann
Lehrstuhl für Wirtschaftsinformatik
Prozesse und Systeme
Universität Potsdam
Potsdam, Deutschland

Sarah Victoria Mohr
Institut für Informationssysteme der
Hochschule Hof (iisys)
Hochschule für Angewandte Wissenschaften Hof
Hof, Deutschland

Marcin Czaban
Institut für Informationssysteme der
Hochschule Hof (iisys)
Hochschule für Angewandte Wissenschaften Hof
Hof, Deutschland

Eldar Sultanow
Capgemini Deutschland GmbH, Nürnberg
Deutschland

Norbert Gronau
Lehrstuhl für Wirtschaftsinformatik
Prozesse und Systeme
Universität Potsdam
Potsdam, Deutschland

Georg David Ritterbusch
Lehrstuhl für Wirtschaftsinformatik
Prozesse und Systeme
Universität Potsdam
Potsdam, Deutschland

Matthias Aumann
Mission Mittelstand GmbH
Cloppenburg, Deutschland

Stefan Wengler
Institut für Informationssysteme der
Hochschule Hof (iisys)
Hochschule für Angewandte Wissenschaften Hof
Hof, Deutschland

ISSN 2197-6708　　　　　　　ISSN 2197-6716　(electronic)
essentials
ISBN 978-3-662-72543-6　　　ISBN 978-3-662-72544-3　(eBook)
https://doi.org/10.1007/978-3-662-72544-3

Die Deutsche Nationalbibliothek verzeichnet diese Publikation in der Deutschen Nationalbibliografie; detaillierte bibliografische Daten sind im Internet über https://portal.dnb.de abrufbar.

Was Sie in diesem *essential* finden können

- *Die Prozess/KI-Funktionen-Matrix*
  dein Kompass im GenAI-Dschungel: Über 100 GenAI-Lösungen geordnet nach Funktion, Prozess und Anwendungsfeld – ideal zur Ideengenerierung und schnellen Orientierung.
- *Tool-Cards zu GenAI-Anwendungen*
  Kompakte Steckbriefe zu GenAI-Tools mit Infos zu Modalität und Einsatzbereich – ideal als Startpunkt für eigene Projekte.
- *Strukturiertes Vorgehensmodell mit zwei methodischen Wegen zur Lösung*
  Ein klar definierter 4-Phasen-Ansatz (Problemdefinition, Abstraktion, Referenzlösungen, Adaption), mit dem du GenAI-Innovationen systematisch entwickelst – praxisnah und branchenübergreifend. Es werden die Fast-Lane-Methoden für schnelle Prototypen und frühe Feedbacks, sowie die Extensive Methoden für strategische, komplexe Projekte mit hoher Individualisierung vorgestellt.
- *Roadmap zur Umsetzung*
  Vom ersten Impuls bis zum fertigen Produkt – so baust du deinen individuellen GenAI-Werkzeugkasten auf und bringst Innovationen sicher in die Praxis. Inklusive Satzschablonen, die helfen, Herausforderungen klar und abstrakt zu formulieren – der Schlüssel für die spätere Lösungssuche.

Inhaltsverzeichnis

Marcin Czaban, M.Sc. Institut für Informationssysteme der Hochschule Hof

Alfons-Goppel-Platz 1
95028 Hof
marcin.czaban.2@iisys.de

Marcin Czaban ist wissenschaftlicher Mitarbeiter in der Forschungsgruppe Empirical Research and User Experience an der Hochschule Hof und promoviert an der Universität Bayreuth. Sein Forschungsschwerpunkt liegt auf der Validierung von Fahrsimulatoren und (psycho) physiologischer Aktivierungs- und Stressmessung

Prof. Dr.-Ing. Christian Czarnecki FH Aachen

Institut für Digitalisierung Aachen (IDA)
Eupener Straße 70
52066 Aachen
czarnecki@fh-aachen.de

Prof. Dr.-Ing. Christian Czarnecki ist Direktor des Instituts für Digitalisierung Aachen (IDA) und Inhaber der Professur „Wirtschaftsinformatik mit Schwerpunkt Unternehmenssoftware" an der FH Aachen. Davor arbeitete er über 10 Jahre in unterschiedlichen Unternehmensberatungen und leitete eine Vielzahl nationaler und internationaler Projekte in Europa, Asien und Afrika. Neben seiner Tätigkeit als Unternehmensberater promovierte er an der Otto-von-Guericke-Universität Magdeburg. Er ist Autor zahlreicher wissenschaftlicher Publikationen und kann auf eine Vielzahl von Vorträgen bei Tagungen und Konferenzen verweisen. Aktuell hat er ein Fachbuch über Robotic Process Automation herausgegeben.

Univ.-Prof. Dr.-Ing. habil. Norbert Gronau Lehrstuhl für Wirtschaftsinformatik

Prozesse und Systeme der Universität Potsdam
Karl-Marx-Straße 67
14482 Potsdam
norbert.gronau@wi.uni-potsdam.de

Univ.-Prof. Dr.-Ing. Norbert Gronau ist Inhaber des Lehrstuhls für Wirtschaftsinformatik, Prozesse und Systeme an der Universität Potsdam. Gemeinsam mit ca. 30 Mitarbeitern forscht er zu Wissensmanagement, ERP-Systemen und Industrie 4.0. Brücken zur Praxis baut er als Inhaber der Unternehmensberatung Potsdam Consulting Advisory GmbH.

Sarah Victoria Mohr, M.Sc. Institut für Informationssysteme der Hochschule Hof

Alfons-Goppel-Platz 1
95028 Hof
sarah.victoria.mohr@iisys.de

Sarah Victoria Mohr ist wissenschaftliche Mitarbeiterin in der Forschungsgruppe Empirical Research and User Experience an der Hochschule Hof und promoviert an der Universität Bayreuth. Ihr Forschungsschwerpunkt liegt auf der psychologischen und physiologischen Wirkung olfaktorischer Stimuli in immersiven Virtual-Reality-Erlebnissen.

Georg David Ritterbusch, M.Sc. Lehrstuhl für Wirtschaftsinformatik

Prozesse und Systeme der Universität Potsdam
Karl-Marx-Straße 67
14482 Potsdam
georg.ritterbusch@wi.uni-potsdam.de

Georg David Ritterbusch ist wissenschaftlicher Mitarbeiter am Lehrstuhl für Wirtschaftsinformatik für Wirtschaftsinformatik, Prozesse und Systeme an der Universität Potsdam und am Weizenbaum Institut für die vernetzte Gesellschaft Berlin. Seinen Forschungsschwerpunkt setzt er in der Human-Computer Interaction (HCI), insbesondere Extended Reality (VR/MR/AR), Metaverse, sensorisches Feedback und Human-AI Interaction.

Sebastian Sebrak Capgemini
Bahnhofstraße 30
90402 Nürnberg
sebastian.sebrak@capgemini.com
Sebastian Sebrak ist IT-Transformation Manager bei Capgemini. Seit mehr als 15 Jahren verantwortet er zahlreiche nationale, sowie internationale IT Projekte.

Dr. Eldar Sultanow Capgemini
Bahnhofstraße 30
90402 Nürnberg
eldar.sultanow@capgemini.com
Dr. Eldar Sultanow ist IT-Stratege bei Capgemini. Der promovierte Wirtschaftsinformatiker blickt auf eine mehr als zwanzigjährige Erfahrung in der Softwareentwicklung zurück: von der Programmierung bis hin zum KI-Design. Zuletzt ist von Eldar Sultanow das Buch „Sie werden mit dem nächsten freien Chatbot verbunden" im Redline Verlag erschienen.

Dr. Malte Teichmann Lehrstuhl für Wirtschaftsinformatik
Prozesse und Systeme der Universität Potsdam
Karl-Marx-Straße 67
14482 Potsdam
malte.teichmann@wi.uni-potsdam.de
Malte Rolf Teichmann ist Leiter der Forschungsgruppe „Bildung für die digitale Welt" am Weizenbaum Institut für die vernetzte Gesellschaft Berlin. Er forscht zu den Themen Lern- und Wissenstheorie, Gestaltung von Lehr- und Lerntechnologien sowie zur Digitalisierung von Geschäftsprozessen.

Prof. Dr. Stefan Wengler Hochschule Hof Alfons-Goppel-Platz 1
95028 Hof
stefan.wengler@hof-university.de
Prof. Dr. Stefan Wengler ist Professor für Marketing und Vertrieb und Leiter der Forschungsgruppe „Empirical Research & User Experience" an der Hochschule Hof. Mit großer Leidenschaft arbeitet er an Themen wie der Sales Excellence, dem Key Account Management, der Customer Journey Analyse und der Digitalen Transformation im Vertrieb. Dabei verbindet er wissenschaftliche Expertise mit Praxisnähe und unterstützt Unternehmen bei der Entwicklung marktorientierter Vertriebsstrategien. Seine Forschungsergebnisse und Erfahrungen hat er in mehr als 50 Artikeln und Büchern veröffentlicht.

Matthias Aumann aumann:grün AG Werner-Baumbach-Straße 41
49661 Cloppenburg
aumann@aumann-gruen.de
Matthias Aumann ist Unternehmer, Berater und Autor. Er führt das Unternehmen Aumann Grün im Bereich Garten- und Landschaftsbau sowie die Unternehmensberatung Mission Mittelstand, die sich auf die Unterstützung von mittelständischen Unternehmen spezialisiert hat. Matthias ist bekannt für seine praxisnahen Seminare, innovativen Ideen und eine klare, motivierende Kommunikation. Er legt großen Wert auf den Aufbau von Systemen, effektives Marketing und starke Mitarbeiterführung. Privat ist er Familienvater und lebt einen dynamischen Lebensstil, der Business und Familie vereint.

Einleitung

1

1.1 Warum dieses Buch?

Du bist umgeben von Potenzial, das nur darauf wartet, entfesselt zu werden. Überall sprießen Ideen – für Produkte, Dienstleistungen, Geschäftsmodell mittels GenAI – doch wie oft bleiben sie im Kopf stecken? Oder sie scheitern an den üblichen Hürden: Zeitmangel, fehlende Ressourcen, die Angst vor dem Scheitern und häufig dem Wissen um ein zielgerichtetes, strukturiertes Vorgehen. Dieses Buch zeigt dir, wie du diese Hürden hinter dir lässt und Ideen mit System generierst, als hättest du ein Team kreativer Experten an deiner Seite.

GenAI revolutioniert, wie wir denken, arbeiten und entscheiden. Es ist nicht nur ein Werkzeug; es ist ein Turbo für deine Kreativität, Effizienz und Entscheidungsfähigkeit. Aber wie Wie kommst du nun zur Lösung deines spezifischen Problems? Klar strukturiert, gibt dir dieses Buch das Werkzeug an die Hand, um deine Problemstellung zu definieren und darüber auf bereits bestehende GenAI-Lösungen für ähnliche Herausforderungen zu schließen, wodurch du dies als Anstoß für neue Ideen nutzen kannst. Du musst das Rad nicht neu erfinden, um die besten Ideen hervorzubringen.

„Der Mensch hat dreierlei Wege klug zu handeln: erstens durch Nachdenken, das ist der edelste, zweitens durch Nachahmen, das ist der leichteste, und drittens durch Erfahrung, das ist der bitterste." – Konfuzius

Adaption ist der Schlüssel.

Dieses Buch ist bewusst praxisorientiert und leicht verständlich geschrieben. Im Mittelpunkt stehen hierbei keine ausschweifenden Theorien, vielmehr findest du konkrete, in Kategorien unterteilte Anwendungsfälle. Somit wird es dir gelingen, genau dort anzusetzen, wo es für dich am meisten Sinn ergibt – bei der

© Der/die Autor(en), exklusiv lizenziert an Springer-Verlag GmbH, DE, ein Teil von Springer Nature 2026
C. Czarnecki et al., *Ideengenerierung mit KI*, essentials,
https://doi.org/10.1007/978-3-662-72544-3_1

FUNKTION \ PROZESS	ANALYSE/DIAGNOSTIK	EMPFEHLUNG	KUNDENSERVICE	OPTIMIERUNG
ANOMALIEN ERKENNUNG	Cofense, Proofpoint, Barracuda Networks			
GENERATIV		DALL-E 3, Midjourney, Stable Diffusion, Soundraw, AIVA, Sudowrite, Copy.ai, Writesonic, Jasper, Plot Factory, GPT-4, Wordsmith	ChatGPT, DeepL, Google Translate, Microsoft Translator	Runway, ElevenLabs, Replica Studios, Google Cloud Text-to-Speech, Scenario, Promethean AI, Ludo.ai, NVIDIA Omniverse Audio2Face, HotDocs, Contract Express, Legito, NVIDIA ACE for Games, Inworld AI, Mod.ai
MUSTERERKENNUNG	Affectiva, IBM Watson Tone Analyzer, Cogito, TensorFlow, PyTorch, Keras, Google Cloud Visual Inspection AI, Landing AI, Cogniac, Atomwise, Insilico Medicine, BenevolentAI, Tempus, Foundation Medicine, Flatiron Health, HubSpot, Google Analytics, Segment, HireVue, Pymetrics, Textkernel, Workday, Visier, Ultimate Software, Eightfold.ai, Hiretual, SeekOut, LawGeex, Kira Systems, Evisort, Westlaw Edge, Lexis Advance, Fastcase, Seal Software, DocuSign Insight, EnviroAI, EcoAnalyzer, GreenDataAI, SatEnviro, EcoSatAI, GreenSat, Medallia, Qualtrics, SurveyMonkey, DeepFace, FaceNet, Dlib, BriefCam, Agent Vi, IC Realtime, Sentinel-2 AI, PlantVillage, FlyPix, PlantDiseaseAI, RetailNext, ShopperTrak, NewsGuard, Logically, Factmata, H2O.ai, RapidMiner, Schrödinger, Matlab Studio, Gaussian, Salesforce Einstein	Duolingo, Khan Academy, Syte, Google Lens, Pinterest Lens	Dialogflow, IBM Watson Assistant, Zendesk Guide, Helpshift, Babylon Health, Ada Health, Buoy Health, IBM Watson Tutor, Socratic by Google, Mya Systems, XOR, AllyO	DeepMotion, Cascadeur, Grammarly, BambooHR, Kalidus, Siemens Opcenter, Adobe Premiere Pro mit Adobe Sensei, DaVinci Resolve mit Neural Engine, Ivanti, Qualys, ManageEngine, HarvestBot, FruitPicker, AgriRobot, Focal Systems, Simbe Robotics, Trax, Zippin, Standard Cognition, WSC Sports, IBM Watson Media, Reely, Labstep, Benchling, Labguru
VORHERSAGE	Riskalyze, Kemsho, Lex Machina, Premonition, Ravel Law	Amazon Personalize, Google Recommendations AI, Salesforce Einstein		Schwab Intelligent Portfolios, Dynamic Pricing by Prisync, Pricefx, PROS Pricing, OptimoRoute, Route4Me, Onfleet, Waycare, eGrid GPT, PowerAI, GridOptimizer, RenewPredict, SolarForecast, WindPredict, ResourceOptimizer, EcoEfficiency, SustainResource, DataBricks, Crop Yield Prediction, CropLossAnalyzer, Smart Irrigation, GEAR Lab, Climavision, Horizon AI, IBM Environmental Intelligence Suite, Lamesoft, ClearMetal, FourKites, ClimaCell, IBM Environmental Intelligence Suite, Google's Project Green Light, Siemens Mobility's SCOOT System, IBM Traffic Prediction Tool

Abb. 1.1 Auszug aus Prozess/KI-Funktion Matrix

Automatisierung bzw. Optimierung deiner Prozesse oder der Entwicklung völlig neuer Lösungen. Dreh- und Angelpunkt der in diesem Buch aufgezeigten Methodik ist dabei die Prozesse-Funktionen Matrix, welche eine Übersicht über bereits bestehende GenAI-Lösungen bietet und als Impuls zur Ableitung und Generierung neuer Lösungen dient Abb. 1.1.

Diese Matrix erhebt selbstverständlich keinen Anspruch auf Vollständigkeit. Diese wäre auch im Rahmen dieses Buches nicht zu leisten. Vielmehr stellt es einen methodischen Rahmen bereit, welcher durch den Anwender selber und individuell weitergeführt werden kann und soll. Hierfür wurde auch eigens ein GitHub erstellt, auf welches an dieser Stelle lediglich verwiesen und in den Folgekapiteln beschrieben wird.

Dieses Buch richtet sich an alle Manager und Entscheidungsträger mit umfangreicher Erfahrung im Bereich Business Agility. Die hier beschriebenen Vorgehensweisen und Methodiken werden angesprochen, aufgezeigt, jedoch nicht im Detail erörtert. Ein adäquates Vorwissen in den einzelnen Themen wird von den Autoren vorausgesetzt.

1.2   Status Quo

GenAI umfasst KI-Modelle, die neue, menschenähnliche und realistische Inhalte erstellen, indem sie Muster und Strukturen aus großen Mengen an Trainingsdaten analysieren und reproduzieren. Generative AI (GenAI) zeichnet sich durch folgende zentrale Eigenschaften aus:

Verarbeitung großer Datenmengen
GenAI kann umfangreiche Daten analysieren und daraus präzise Datenmodelle erstellen. Prognosen werden dadurch signifikant verbessert und ermöglichen die Identifikation bisher unbekannter Zusammenhänge oder Muster innerhalb der Daten.

Kreativität und Vielfalt
Die Technologie erzeugt eine breite Palette an Inhalten, darunter Texte, Bilder, Videos und Tonaufnahmen. Unternehmen nutzen diese Fähigkeit bereits für die Content-Erstellung. Ein Beispiel ist Coca-Cola, das seit 2023 eine AI-Plattform betreibt, mit der digitale Kunstwerke im eigenen Branding erstellt werden können.

Lernfähigkeit und Adaptivität
Die KI erkennt Muster aus den Daten, lernt fortlaufend dazu und generiert personalisierte Inhalte, die auf individuelle Bedürfnisse abgestimmt sind. Durch Berücksichtigung des jeweiligen Kontextes wird dabei die Relevanz und Präzision sichergestellt.

Skalierbarkeit
GenAI lässt sich flexibel und in zahlreichen Branchen und Szenarien anwenden. Sie arbeitet auf unterschiedlichsten Datensätzen und passt dabei ihre Ergebnisse an branchenspezifische Anforderungen an.

Dies macht GenAI zu einem leistungsfähigen Werkzeug in den Bereichen Innovation, Automatisierung und Personalisierung.

1.3   GenAI als strategischer Erfolgstreiber für Unternehmen

Die nahezu exponentielle Entwicklung von GenAI innerhalb der letzten Jahre brachte nicht nur für den Endanwender neue, faszinierende und äußerst hilfreiche Lösungen hervor. Auch die Mehrheit der Unternehmen konnte, kann und wird sich auch in absehbarer Zeit nicht dem Einfluss dieser entziehen können. Zu groß sind die Potentiale, welche durch einen gezielten Einsatz von GenAI-Lösungen gehoben werden können. Die effektive Integration dieser Technik stellt somit einen strategischen Erfolgstreiber dar, welche die Wettbewerbsfähigkeit sichert und immer mehr über den Erfolg bzw. Misserfolg von Unternehmen entscheidet.

Die Märkte, in denen sich Unternehmen heutzutage bewegen, werden immer komplexer, schnelllebiger und unterliegen auch zunehmend enormen, externen Kräften außerhalb ihrer Grenzen. Wie nie zuvor, sehen sich wirtschaftlich Handelnde nun dem Druck ausgesetzt, schneller und dazu noch mit höherer Präzision zu entscheiden. Jede Fehlentscheidung kann am Ende nicht nur Geld kosten, sondern im ungünstigsten Fall auch die Existenz des Unternehmens. Diesem kann durch den klugen Einsatz von GenAI-Lösungen begegnet werden. Um nur einige Potentiale zu nennen:

Hyper-Personalisierung Personalisierte bzw. maßgeschneiderte Services und Angebote, welche letztendlich die Wahrscheinlichkeit eines Kaufabschlusses signifikant erhöhen

Effizienzsteigerung durch Automatisierung Automatisierung von Geschäftsprozessen zur Kostensenkung und Effizienzsteigerung

Verbesserte Entscheidungsfindung Ableitung von wichtigen und ggf. bislang unentdeckten Erkenntnissen durch Analyse großer Datenmengen

Innovationsförderung Beschleunigung kreativer Prozesse hinsichtlich Design, Simulation und Vermarktung zur Identifizierung neuer Märkte und Beschleunigung des Time-to-Market.

Neben dem Produkt spielt auch die Geschwindigkeit und somit ein strukturiertes und zielgerichtetes Vorgehen, mit dem neue Lösungen eingeführt werden, eine entscheidende Rolle. Der Wert eines Produktes nimmt vom Zeitpunkt des Bedarfs bis zu dessen Auslieferung ab. Je länger also die Entwicklung der Lösung dauert, umso geringer fällt letztendlich der Nutzen bzw. Wert für den Anwender aus. Die Kombination aus Geschwindigkeit und Wert/Kundennutzen sind am Ende entscheidend für Erfolg bzw. Misserfolg.

Damit jedoch Geschwindigkeit, Kunden- und Wertorientierung auch tatsächlich gelebt und umgesetzt werden können, bedarf es neben den Methoden und strukturierter Vorgehensweisen auch Anpassungen innerhalb der Organisation. Klassisch, hierarchisch organisierte Unternehmen stehen oftmals vor der Herausforderung, deren starre Strukturen und damit oftmals verbundene lange Entscheidungswege aufzubrechen, um die notwendige Flexibilität in den jeweiligen Wertschöpfungsketten für ein schnelleres Time-to-Market zu erreichen. An dieser Stelle sei jedoch lediglich auf dieses Thema und die entsprechende Literatur hingewiesen. Im weiteren Verlauf bleibt dies außerhalb der Betrachtung.

Es ist schwierig, einen belastbaren Blick in die Zukunft zu werfen, insbesondere bei einem sich so schnell entwickelnden Thema wie GenAI. Vom heutigen Tage aus betrachtet, können sich bereits morgen signifikante Veränderungen ergeben, neue Themen können an Bedeutung gewinnen, während andere an Relevanz verlieren. Dennoch lassen sich einige Bereiche identifizieren, in denen GenAI voraussichtlich bedeutende Fortschritte und Veränderungen herbeiführen könnte:

Personalisierung und Kundenservice GenAI könnte Unternehmen ermöglichen, hyper-personalisierte Dienstleistungen und Angebote in Echtzeit zu erstellen. Dies umfasst maßgeschneiderte Produktdesigns, individuelle Kundenerlebnisse und vorausschauende Wartung basierend auf Maschinendaten.

Kreative Prozesse In der Kreativbranche könnte GenAI Design-, Simulations- und Marketingprozesse beschleunigen. Unternehmen könnten neue Produktkonzepte visualisieren, Verpackungsdesigns optimieren und Marketingkampagnen effizienter gestalten.

Automatisierung und Effizienzsteigerung Rund um die Lagerverwaltung, Produktionsplanung und Lieferantenkommunikation könnten mittels entsprechend gesteuerter Automatisierung erhebliche Potentiale gehoben werden. Daraus resultierende, vorausschauende Wartung und Ressourcenoptimierung führen somit dann letztlich zu Kostensenkungen und Effizienzsteigerungen. Aber auch im öffentlichen Sektor wird GenAI zukünftig keine minder bedeutende Rolle spielen.

Durch eine verbesserte, intuitivere Kommunikation zwischen Mensch und Maschine oder Zusammenfassung großer Textmengen und Generierung neuer Inhalte, könnte die Effizienz und Effektivität von Verwaltungsprozessen deutlich verbessert werden.

Cybersicherheit Große Datenmengen könnten schneller und präziser analysiert werden, wodurch Unternehmen Cyberangriffe frühzeitig erkennen und Risiken minimieren.

Zusammengefasst lassen sich durch GenAI signifikante Optimierungspotentiale innerhalb der Organisationen heben, sowie neue Produkte und somit zusätzliche Märkte und Kunden erschließen. Strategisch gesprochen, GenAI ist ein unerlässliches Thema bei der Realisierung von Kosten- als auch Wachstumsstrategien.

1.4   Dein Ziel: Systematisch kreativ sein

Ideen entstehen selten durch Zufall. Mit den richtigen Tools und Ansätzen kannst du die Ideengenerierung systematisieren – und genau darum geht es in diesem Buch. Es zeigt dir, wie du auf Basis bereits existierender GenAI-Lösungen deinen persönlichen Ideengenerator baust, der zuverlässig funktioniert, egal ob du gerade im kreativen Flow bist oder nicht.

Lass uns gemeinsam diese Reise antreten. Am Ende dieses Buches wirst du nicht nur verstehen, was GenAI leisten kann, sondern auch, wie du die Technologie nutzen kannst, um deine eigenen Projekte auf das nächste Level zu heben. Bist du bereit? dein Abenteuer beginnt jetzt!

Wie gehen wir vor?

Dem Ansatz dieses Vorgehens liegt die Prozess/KI-Funktionen-Matrix zugrunde (Abb. 1.2). Innerhalb dieser finden sich die bereits existierenden GenAI-Lösungen, welche nach folgenden Bewertungskriterien strukturiert sind:

- **Prozess:** Empfehlung, Kundenservice, Analyse/Diagnostik, Optimierung
- **KI-Funktion:** Mustererkennung, Vorhersage, Generativ, Anomalienerkennung-Erkennung
- **Anwendungsfeld:** virtueller Assistent, Kreativität, Emotionen

Abb. 1.2 Prozess/KI-
Funktionen-Matrix

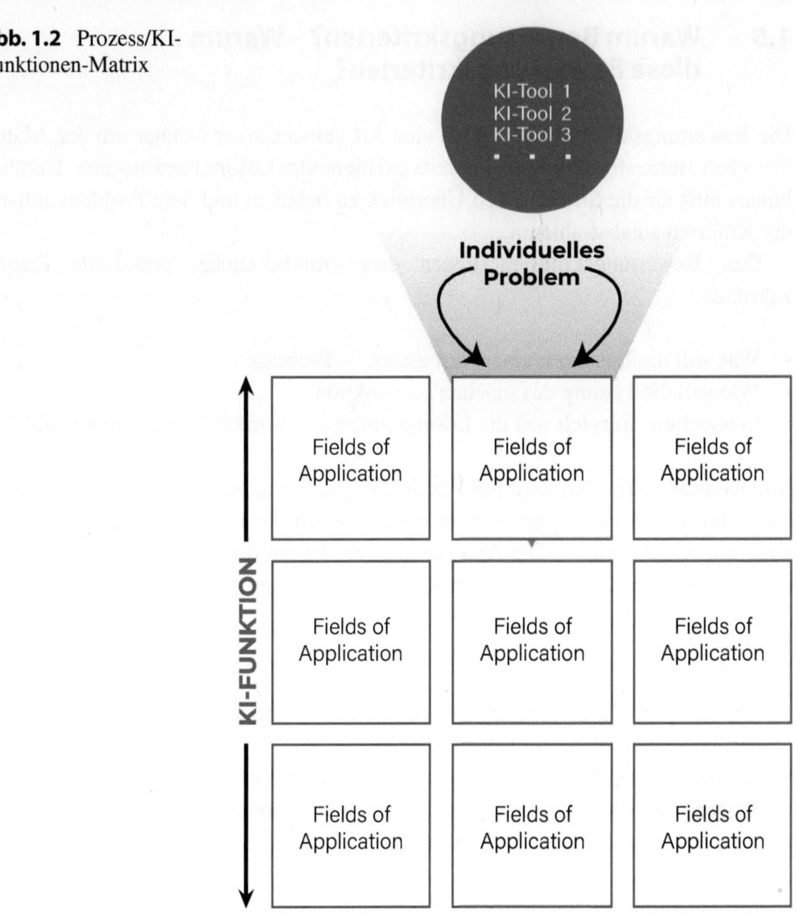

Dein individuelles Problem, bzw. die individuelle Herausforderung wird dann ebenfalls nach den oben genannten Kriterien analysiert. Dadurch kann eine Einordnung der Problemstellung innerhalb der Matrix erfolgen und du erhältst ähnliche, bereits existierende Lösungen zu den identifizierten Bewertungskriterien.

1.5 Warum Bewertungskriterien? – Warum diese Bewertungskriterien?

Die Bewertungskriterien dienen als eine Art gemeinsamer Nenner um den Match zwischen Herausforderung und bereits existierender Lösung herzustellen. Darüber hinaus hilft dir die Struktur, den Überblick zu behalten und dein Problem anhand der Kriterien zu abstrahieren.

Den Bewertungskriterien liegen drei grundsätzliche, praktische Fragen zugrunde.

- **Was** soll die Lösung können/verbessern? – Prozesse
- **Wie** soll die Lösung das machen? – Funktion
- In **welchem Bereich** soll die Lösung eingesetzt werden? – Anwendungsfeld

Mittels dieser Kriterien wird der Praxisbezug hergestellt, indem sowohl die Frage nach „tue ich das Richtige? – was" und „tue ich die Dinge richtig? – wie" beantwortet werden muss. Die Anwendungsfeld helfen dabei, innerhalb der Matrix die zutreffenden Lösungen noch etwas genauer zu segmentieren.

Prozess

- *Empfehlung*: Unterbreitung von konkreten, personalisierten Vorschläge unter der Abwägung mehrerer Lösungsansätze
- *Kundenservice*: Beantwortung von Anfragen und offerierung potentieller Lösungen ohne dabei konkrete Vorschläge zu unterbreiten
- *Analyse/Diagnostik*: Identifikation von Mustern, Trends oder Korellationen mittels systematischer Analyse von Daten/Informationen
- *Optimierung*: Anpassung bzw. Verbesserung eines bestehenden Systems, Prozesses oder einer Lösung zur Erreichung bestmöglicher Ergebnisse

KI-Funktion

- *Mustererkennung*: Identifikation bestimmter Muster oder Strukturen innerhalb der vorliegenden Daten
- *Vorhersage*: Prognose zukünftiger Ereignisse, basierend auf vorhandenen Daten und Modellen
- *Generativ*: Schaffung bzw. Erzeugung neuer Inhalte
- *Anomalien Erkennung*: Identifizierung von ungewöhnlichen oder abweichenden Mustern in Daten

Anwendungsfeld

- *Bewertung*: Beurteilung oder Einschätzung von Qualität, Leistung oder Wert
- *Cyber Security*: Schutz von Computersystemen und Netzwerken vor digitalen Angriffen
- *Emotionen*: Auswertung innerer Gefühlszustände, die menschliches Verhalten und Denken beeinflussen
- *Kreativität*: Entwicklung neuer bzw. innovativer Ideen und Lösungen
- *Virtueller Assistent*: Softwaregestützte Bearbeitung von Aufgaben und Leistungen
- *Planung*: Definition und Festlegung von Zielen, sowie der Entwicklung von geeigneten Strategien zur Zielerreichung
- *Produkt-Neuentwicklung*: Unterstützung bei der Schaffung neuer Produkte entlang der Wertschöpfungskette, von der Idee bis zur finalen Markteinführung
- *Robotik*: Konstruktion und Herstellung von Robotern, sowie deren praktische Anwendung
- *Überprüfung*: Gewährleistung der Genauigkeit und geforderten Qualität mittels systematischer Untersuchung oder Inspektion
- *Übersetzung*: Umwandlung von Text und/oder Sprache in eine andere Sprache
- *Überwachung*: Stetige Beobachtung und Kontrolle von Aktivitäten oder Prozessen
- *Supply Chain*: Netzwerk von Organisationen und Prozessen, das zur Herstellung und Lieferung von Produkten erforderlich ist
- *Workflow*: Abfolge von Aufgaben und Prozessen, die zur Erledigung einer Arbeit erforderlich sind

Die Kriterien im Detail – Dein Kompass im GenAI-Dschungel   2

Um dein individuelles Problem auf bereits bestehende GenAI-Lösungen zu matchen, bedarf es einer Systematik, die sowohl dein Problem als auch die Lösungen sprechen – in unserem Fall sind dies die Bewertungskriterien. Deinem individuellen Problem, als auch den bereits existierenden Lösungen werden Kriterien aus Prozessen und KI-Funktionen zugeordnet. Dadurch entsteht ein Bezug, Problem und Lösung finden so in unserer Matrix zueinander und helfen dir, die passenden Anwendungsfälle innerhalb des jeweiligen Treffers zu identifizieren.

2.1   KI-Kriterien: Prozess

2.1.1   Empfehlung – Dein perfekter Treffer

Basierend auf Vorlieben und individuellem Verhalten unterbreiten Empfehlungssysteme personalisierte Vorschläge. Speziell im E-Commerce, Streaming-Diensten und sozialen Medien finden diese Ihren Einsatz.

Die Balance zwischen allgemeinen und personalisierten Empfehlungen, die Qualität der Daten, sowie die Skalierbarkeit der Systeme stellt dabei eine besondere Herausforderung dar. Durch die Analyse großer Datenmengen und die Identifikation von Mustern können personalisierte Empfehlungen erstellt werden.

Beispiel:

Um die Kaufrate zu erhöhen und damit den Umsatz zu steigern, soll die Genauigkeit von Produktempfehlungen verbessert werden.

© Der/die Autor(en), exklusiv lizenziert an Springer-Verlag GmbH, DE, ein Teil von Springer Nature 2026
C. Czarnecki et al., *Ideengenerierung mit KI*, essentials,
https://doi.org/10.1007/978-3-662-72544-3_2

2.1.2 Kundenservice – 24 h effiziente Hilfe

Der Kundenservice umfasst sämtliche Aktivitäten, welche darauf ausgerichtet sind, Kunden bei Fragen oder Problemen zu unterstützen. Die Kontaktkanäle sind dabei mannigfaltig und beinhalten beispielsweise Telefon, E-Mail, Chat oder soziale Medien.

Besonders die Schnelligkeit und Effizienz bei der Beantwortung, Personalisierung der Unterstützung, sowie der Schutz sensibler Kundendaten ist dabei von besonderer Bedeutung. Virtuelle Assistenten werden diesen Anforderungen gerecht und stehen dabei rund um die Uhr zur Verfügung. Eine deutliche Verbesserung im Kundenservice.

Beispiel:
Eine schnellere und qualitativ hochwertige Abwicklung von Kundenanfragen bewirkt eine deutliche Steigerung der Erreichbarkeit und Effizienz bei der Bearbeitung.

2.1.3 Analyse/Diagnostik – Analytische Präzision

Über Daten zu verfügen ist gut, sie aber zu verstehen ist essentiell. Innerhalb kürzester Zeit analysieren GenAI-Lösungen riesige Datenmengen und liefern dabei entscheidungsrelevante Erkenntnisse.

Speziell die Integration von Daten aus verschiedenen Quellen, die Genauigkeit der Diagnosen, sowie der Datenschutz stellen hierbei besondere Herausforderungen bei Analyse/Diagnostik dar. Denkt man dabei zum Beispiel an den medizinischen Bereich. GenAI-Lösungen können hierbei durch die Analyse medizinischer Daten und die Unterstützung bei der Diagnosestellung helfen.

Beispiel:
Frühzeitige Identifizierung von Erkrankungen bzw. Anzeichen von Erkrankungen mittels Röntgenbilder, welche bislang unentdeckt geblieben wären.

2.1.4 Optimierung – Das Beste aus allem herausholen

Hierbei handelt es sich um die Verbesserung von Prozessen und Systemen mit dem Ziel der Effizienz- und Leistungssteigerung. GenAI-Lösungen identifizieren Potenziale, welche bislang noch entgangen wären. Dabei werden Prozesse analysiert, Schwachstellen identifiziert und Maßnahmen zur Verbesserung vorgeschlagen.

Dabei gilt es die Komplexität der Optimierungsprobleme zu beherrschen, indem die Qualität und Quantität der vorhandenen Daten in ausreichendem Maße sichergestellt werden. Entsprechende Systeme unterstützen somit Optimierungspotentiale entlang der Wertschöpfung zu heben.

Beispiel:

Durch effizientes Routen und entsprechende Lagerstrategien sollen Lieferketten optimiert werden.

2.2 KI-Kriterium: KI-Funktion

2.2.1 Mustererkennung – Entdeckung verborgener Schätze

Bei der Mustererkennung geht es um die Identifikation von regulären und wiederkehrenden Strukturen oder Trends in Daten. Dies ist in vielen Bereichen wie Bildverarbeitung und Sprachverarbeitung wichtig.

Oftmals ist man dabei mit einer Vielfalt an Datenquellen konfrontiert, welche es einzubeziehen gilt. Je nach Anforderung an die Präzession bei der Identifikation relevanter Muster ist dabei auch entsprechende Rechenleistung notwendig.

Beispiel:

Finanztransaktionen sollen auf Betrugsmuster hin analysiert werden.

2.2.2 Vorhersage – Die etwas schärfere Glaskugel

Auf historischen Daten basierend werden zukünftige Ereignisse prognostiziert. Häufige findet dieses Verfahren seine Anwendung beispielsweise in Bereichen der Wettervorhersage oder auch Finanzmarktanalyse.

Die Qualität der Ergebnisse ist dabei geprägt von den zugrunde liegenden Daten, der Genauigkeit der Vorhersagemodelle und den generellen Unsicherheiten, die mit Vorhersagen einhergehen.

Beispiel:

Es sollen Vorhersagen von Aktienkursen basierend auf historischen Markttrends erfolgen.

2.2.3 Generativ – Alles neu macht AI

Hierbei handelt es sich um die Fähigkeit von KI-Systemen, neue Inhalte wie Texte, Bilder oder Musik zu erzeugen.

Ziel ist es, die neu generierten Inhalte in hoher Qualität unter Berücksichtigung von Originalität, Kreativität, sowie ethischen Fragen, welche mit der Nutzung verbunden sind, bereitzustellen. GenAI-Lösungen zielen dabei genau auf die Erzeugung jener Inhalte ab.

Beispiel: Werbetexte sollen auf eine spezielle Zielgruppe zugeschnitten werden.

2.2.4 Anomalienerkennung – Da kommt sonst keiner drauf

Die Anomalien Erkennung stellt eine Art Sonderform der Mustererkennung dar. Im Zuge dessen werden ungewöhnliche Muster oder Ausreißer in Daten identifiziert, welche auf Probleme oder Betrug hinweisen.

Die damit häufig einhergehende, hohe Anzahl von falsch-positiven Ergebnissen, sowie die Vielfalt der Datenquellen als auch die dafür erforderliche Rechenleistung stellen hierbei eine besondere Herausforderung dar.

Beispiel: Echtzeiterkennung von verdächtigen Mustern und Anomalien bei Finanztransaktionen.

2.3 Dein Werkzeugkasten für GenAI

Die Kriterien stellen eine Systematisierung dar und helfen dir, die bestehenden Anwendungsfälle in einen Ordnungsrahmen zu bringen und darüber hinaus zur Abstraktion deiner Problemstellung. In den folgenden Kapiteln findest du Beispiele und Anwendungsfälle, die zeigen, wie du deren Potenziale für dich nutzen kannst. Egal, ob du Prozesse automatisierst, bessere Entscheidungen triffst oder völlig neue Wege gehst – mit den Kriterien als Kompass findest du immer die passende Lösung.

Stell dir die Kriterien wie eine Matrix vor: Jedes Kriterium bildet eine Achse, an der wir Use-Cases aus unterschiedlichsten Industrien einordnen. So kannst du genau erkennen, welche Lösungen für deine Herausforderung relevant sind und welche Potenziale du bisher vielleicht übersehen hast.

Ob Automatisierung in der Logistik, Personalisierung im Marketing oder Sicherheitslösungen in der IT – mit dieser Matrix bekommst du eine klare Struktur, die dir Orientierung bietet. Das macht es dir leicht, Ideen auf deine Branche und deine Herausforderungen zu übertragen.

Im Verlauf des Buches zeigen wir dir, wie diese Matrix funktioniert und wie du sie nutzen kannst, um deine eigene Roadmap mit GenAI zu entwickeln. Schritt für Schritt bauen wir so deinen Werkzeugkasten, der perfekt auf deine Bedürfnisse abgestimmt ist.

Von der Theorie in die Praxis – Dein Weg zur Umsetzung

3.1 Phasen zur methodischen Generierung von GenAI-Lösungen

Innovation entsteht nicht zufällig – sie folgt klaren Mustern. Mit der richtigen Methode kannst du systematisch kreative Lösungen entwickeln (s. Abb. 3.1). Die Matrix, die wir in vorstellten, ist dein Werkzeug, um die Vielseitigkeit von GenAI gezielt zu nutzen. Abstrakte Kriterien werden mit konkreten Use-Cases verbunden. Schritt für Schritt gelangst du somit von deinem individuellen Problem zur maßgeschneiderten Lösung.

3.1.1 Definition der 4 Phasen

Die Generierung von Ideen erfolgt in vier Phasen, welche jedoch nicht linear abgearbeitet werden müssen. Vielmehr durchdringen sich die Phasen teilweise, wirken gegenseitig aufeinander und erfordern dadurch eine iterative Vorgehensweise. Grundsätzlich lässt sich der Prozess in die folgenden Phasen unterteilen (vgl. Abb. 3.2):

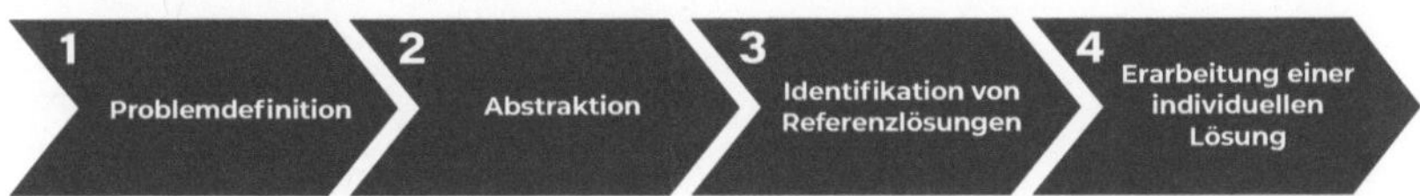

Abb. 3.1 Vier Phasen zur methodischen Generierung von GenAI-Lösungen

© Der/die Autor(en), exklusiv lizenziert an Springer-Verlag GmbH, DE, ein Teil von Springer Nature 2026
C. Czarnecki et al., *Ideengenerierung mit KI*, essentials,
https://doi.org/10.1007/978-3-662-72544-3_3

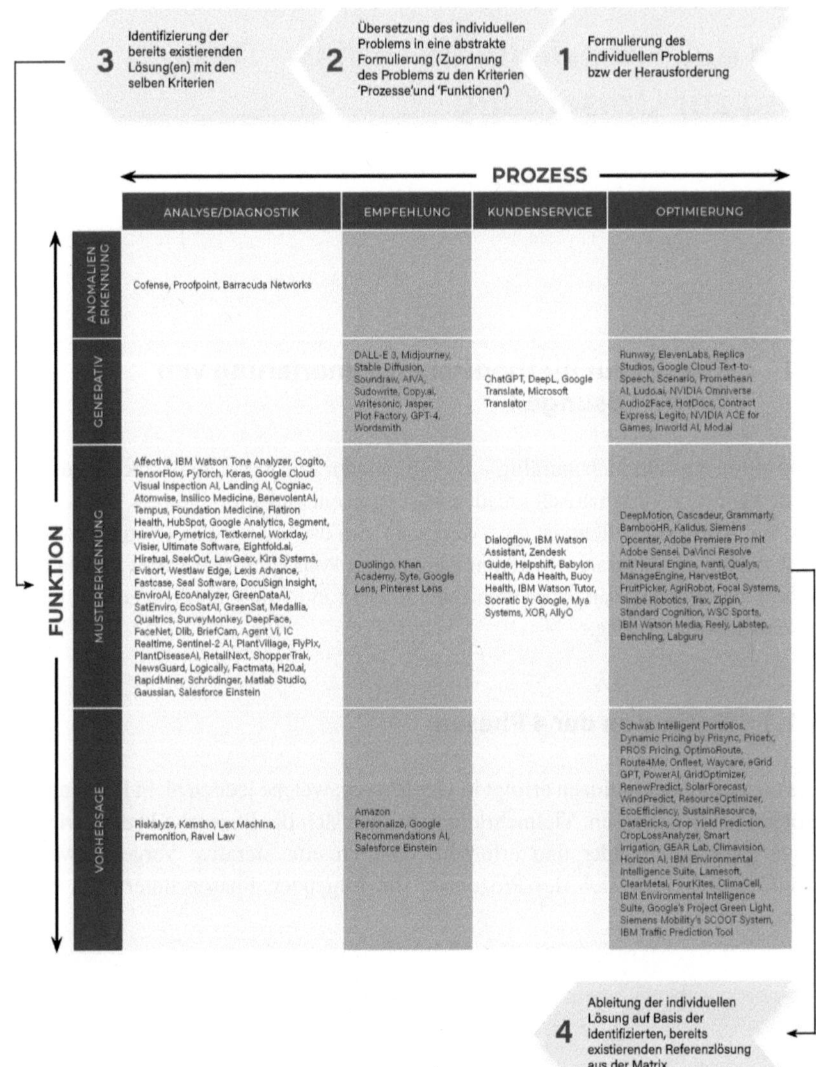

Abb. 3.2 Schematische Darstellung zur methodischen Generierung von GenAI-Lösungen

1. **Definition des individuellen Problems**

   Der erste und grundlegende Schritt besteht darin, sich des eigentlichen Problems im Klaren zu werden und dieses präzise zu formulieren. Alle weiteren Überlegungen werden darauf aufbauen. Oftmals handelt es sich dabei um Probleme wie ineffiziente Prozesse, steigende Kosten oder ungenutzte Potenziale.

   Beispiel: Die Benutzererfahrung eines Autofahrers soll verbessert werden, indem die Interaktion zwischen Fahrer und Fahrzeug grundlegend revolutioniert wird.

2. **Abstraktion des individuellen Problems anhand der Bewertungskriterien**

   Im nächsten Schritt wird das Problem abstrahiert. Dazu analysierst du es anhand der zentralen Bewertungskriterien nach Prozess (Empfehlung, Kundenservice, Analyse/Diagnostik, Optimierung) und Funktion (Mustererkennung, Vorhersage, Generativ, Anomalien Erkennung). Diese Abstraktion erleichtert die Übertragbarkeit auf andere Anwendungsfälle.

   Beispiel: Wie kann GenAI intuitive Interaktionen zwischen Mensch und Maschine ermöglichen? Hierbei spielen beispielsweise das Prozesskriterium „Kundenservice" und das Funktionskriterium „Generativ" eine zentrale Rolle.

3. **Identifikation von Problemlösungen für ähnliche Probleme**

   Nun folgt ein Blick in die Matrix. Im Feld, welches „Kundenservice" und „Generativ" verbindet, finden sich bereits ähnliche Lösungen, welche die beiden Kriterien erfüllen. Du untersuchst jetzt, wie ähnliche Probleme in anderen Branchen oder Kontexten gelöst wurden. Das Ziel ist es, bestehende Best-Practices zu identifizieren, die sich adaptieren lassen.

   Beispiel: Ein Sprachassistenzsystem wird analysiert, um daraus Impulse für den eigenen Anwendungsfall zu gewinnen.

4. **Erarbeitung einer individuellen Lösung**

   Es folgt die Adaption eines bereits bestehenden, ähnlichen Produktes, welche der Lösung deines spezifischen Problems dienlich sein kann. Hierfür kommen die Erkenntnisse und Ergebnisse aus den vorangegangenen Schritten zur Anwendung. Diese gilt es nun auf deinen spezifischen Kontext hin anzupassen.

   Beispiel: Es wird ein eigenes Sprachassistenzsystem implementiert, welches personalisierte Fahrassistenz und Routenplanung in Echtzeit ermöglicht.

3.1.2 Definition der Bewertungskriterien

Die bereits genannten Kriterien – Empfehlung, Optimierung, Mustererkennung, Vorhersage, etc. – dienen als Orientierung und Leitfaden in diesem Prozess. Sie ermöglichen eine klare Problemanalyse, Bewertung der Lösung(en) und die Identifikation von passenden Technologien.

Die Kriterien Empfehlung und Generativ spielen für ein Sprachassistenzsysteme eine zentrale Rolle, wobei Analyse/Diagnostik und Optimierung als ergänzend berücksichtigt werden. ◄

3.2   Transformation der Problemstellung: Vom individuellen Problem zum generischen Problem

Jeder Innovation geht ein Problem bzw. eine Herausforderung voran. Zu oft bemerken wir jedoch nicht, dass wir eher dazu neigen, eine Lösung zu formulieren, anstatt die eigentliche und tatsächliche Herausforderung zu beschreiben. Auf den ersten Blick erscheint das trivial, ist jedoch von entscheidender Bedeutung für den späteren Erfolg: Nur wer das Problem klar versteht, kann die beste Lösung finden.

3.2.1   Lösung oder Problem? Eine feine, aber wichtige Grenze

Wie erwähnt, ist die Fokussierung auf eine Lösung ohne ein klares Verständnis und Bild des Problems ein häufiges Muster, dem wir alle beizeiten unabsichtlich folgen. Beispiel: Du sagst vielleicht: *„Eine App, wird die Kommunikation und Zusammenarbeit im Team verbessern."* Doch das ist keine Problembeschreibung. Mit dieser Formulierung ist man der Unschärfe erlegen und hat bereits eine Lösung definiert. Das eigentliche Problem könnte lauten: *„Unser Team hat Schwierigkeiten, Informationen zeitnah und transparent auszutauschen."* Abb. 3.3.

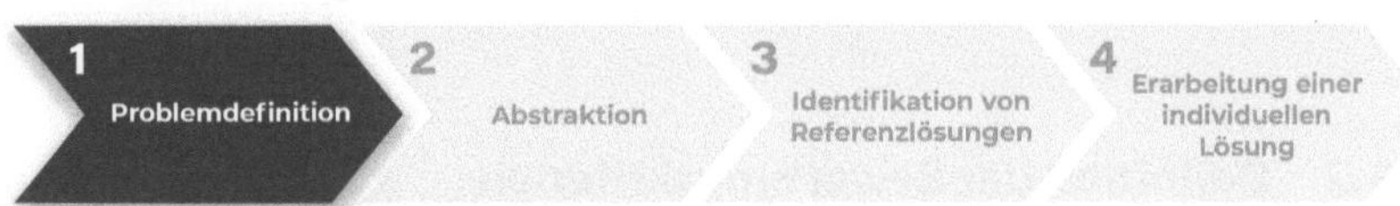

Abb. 3.3   Schritt 1: Problemdefinition

Wie erkennst du, dass du ein Problem und keine Lösung beschrieben hast?

- Ein Problem beschreibt einen Zustand oder eine Herausforderung, die du ändern möchtest.
- Eine Lösung beschreibt einen Weg oder ein Mittel, diesen Zustand zu verändern.

Frage dich immer: *„Was genau stört mich? Warum ist das ein Problem?"* So gelangst du zur Wurzel der Herausforderung.

Was macht eine gute Problembeschreibung aus?

Die Kunst einer guten Problembeschreibung liegt darin, den Kern des Problems präzise und ohne Umschweife zu formulieren. Ausschweifende oder unklare Beschreibungen führen zu Missverständnissen oder Fehlinterpretationen und können die Lösungsfindung massiv erschweren. Eine gute Problembeschreibung muss daher klar, fokussiert und relevant sein.

Über folgende, drei zentrale Eigenschaften muss ein klar definiertes Problem verfügen:

1. **Eindeutigkeit:** Die Beschreibung muss klar und präzise sein. Missverständnisse oder Fehlinterpretationen müssen ausgeschlossen werden.
2. **Fokus:** Konzentration auf das eigentliche Kernproblem. Unnötige Details müssen vermieden werden.
3. **Relevanz:** Das Problem muss für den Kontext, in dem es gelöst werden soll, von Bedeutung sein.

Wie beschreibst du ein Problem eindeutig?

Klarheit in der Problembeschreibung zu erreichen, mag einfach klingen, doch es erfordert eine systematische Herangehensweise. Um ein Problem eindeutig zu beschreiben, sollten folgende Fragen beantwortet werden:

- **Wer ist betroffen?** Identifiziere Personen oder Gruppen, die direkt oder indirekt unter dem Problem leiden
- **Was ist der unerwünschte Zustand?** Beschreibe klar, was in der aktuellen Situation unbefriedigend ist
- **Warum ist das ein Problem?** Erläutere, warum der unerwünschte Zustand eine Herausforderung darstellt und welche Konsequenzen daraus entstehen können
- **Was bringt mir eine Lösung?** Definiere eindeutig, welchen Mehrwert dir die Lösung des Problems erzeugt

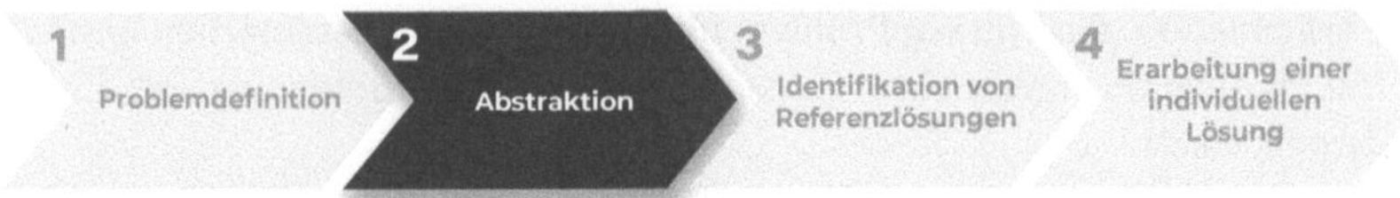

Abb. 3.4 Schritt 2: Abstraktion

3.2.2   Die Satzschablone: Standardisierte Problembeschreibung

Eine standardisierte Satzschablone hilft dir, Probleme konsistent und klar zu formulieren. Sie strukturiert individuelle Problemstellungen und hebt sie auf eine generische Ebene Abb. 3.4. Dadurch kannst du die Problemstellung abstrahieren und leichter mit den Bewertungskriterien der Matrix verknüpfen. Satzschablonen anbieten darüber hinaus den Vorteil, dass Beschreibungen einheitlich aufgebaut sind. Leser:innen müssen sich nicht immer wieder neu einlesen – ein kurzer Blick reicht, um die zentralen Aussagen sofort zu verstehen.

Wie werden Satzschablonen im Anforderungsmanagement eingesetzt?
Satzschablonen sind im Requirements Engineering ein gängiges Mittel, um Anforderungen eindeutig, widerspruchsfrei und nachvollziehbar zu dokumentieren. Informationen werden dadurch standardisiert und Missverständnisse oder Fehlinterpretationen vermieden. Schablonen sorgen für eine gemeinsame Sprache bzw. Syntax zwischen verschiedenen Stakeholdern und erleichtern somit die Kommunikation. Darüber hinaus ermöglicht diese Technik, Anforderungen effizient zu priorisieren und zu kategorisieren.

Der Nutzen von Satzschablonen
- **Klarheit:** Der Fokus bleibt auf den wesentlichen, essentiellen Aspekten der Anforderung
- **Vergleichbarkeit:** Anforderungen lassen sich aufgrund der gleichen Formulierung einfacher gegenüberstellen und vergleichen
- **Zeitersparnis:** Reduzierung des Aufwands für Nachfragen oder Klärungen, da alle Beteiligten mit der Syntax vertraut sind und sich nicht ständig in neue Anforderungsbeschreibungen hineindenken müssen
- **Nachvollziehbarkeit:** Standardisierte Beschreibungen erleichtern die Dokumentation und das spätere Verständnis.

> **Die Satzschablone**
> **[Betroffene Gruppe] hat das Problem, dass [unerwünschter Zustand].
> Dies betrifft [Relevanzfeld: Optimierung, Mustererkennung, Vorher-
> sage, etc.], weil [Begründung, warum das Problem existiert].**

Beispiele für die Anwendung
1. Mitarbeitende haben das Problem, dass Routineanfragen viel Zeit in Anspruch nehmen. Dies betrifft den Prozess „Optimierung", sowie die Funktion „Generativ", weil die Aufgaben manuell bearbeitet werden und so Zeit und Effizienz verloren gehen.
2. Das Unternehmen hat das Problem, dass Kundenangebote nicht personalisiert werden können. In diesem Fall betrifft es den Prozess „Empfehlung", sowie die Funktion „Mustererkennung", da relevante Kundendaten nicht systematisch erfasst und genutzt werden.

Die Anwendung der Satzschablone stellt somit sicher, dass du Problemstellungen präzise formulierst und eine direkte Verknüpfung mit den Bewertungskriterien der Matrix hergestellt wird. Dies ist die Grundlage für eine effektive Lösungsfindung.

3.2.3 Die Rolle der Bewertungskriterien

Wie erwähnt, wird mittels der Schablone das individuelle Problem mit den Kriterien verbunden. Dies ist entscheidend und erleichtert den nächsten Schritt Abb. 3.5. Jede Kriterienkombination aus Funktion und Prozess spannt einen Ergebnisbereich auf, in dem du nach Lösungen suchen kannst. Dadurch wird aus einem spezifischen Problem eine generische Fragestellung, die dir Zugang zu einem breiteren Spektrum an Lösungsansätzen bietet. In unserem konkreten Beispiel würde dies wie folgt aussehen:

Abb. 3.5 Schritt 3: Identifikation von Referenz lösungen

Abstrahierte Problembeschreibung

Mitarbeitende haben das Problem, dass Routineanfragen viel Zeit in Anspruch nehmen. Dies betrifft den Prozess „Optimierung", sowie die Funktion „Generativ", weil die Aufgaben manuell bearbeitet werden und so Zeit und Effizienz verloren gehen.

- Es wurden die Bewertungskriterien Optimierung (Prozess) und Generativ (Funktion) identifiziert.

Identifikation von Referenzlösungen

Innerhalb des Prozesses/KI-Funktionen Matrix werden Referenzlösungen identifiziert Abb. 3.6.

Die Prozesse/KI-Funktionen Matrix und Tool-Card

Aus der mittlerweile riesigen Anzahl bereits existierender GenAI-Lösungen wurden zur Erklärung und Verdeutlichung einige Ausgewählte herangezogen und in die Matrix eingearbeitet Abb. 3.7. Die hier aufgeführte Darstellung ist exemplarisch und lässt sich natürlich beliebig ergänzen. Es obliegt dir, sie für deine Zwecke anzupassen und mit weiteren Lösungen anzureichern. Bediene dich bei deiner Arbeit einfach an unserer Logik.

Diese Darstellung liefert dir schonmal einen ersten Eindruck darüber, welche GenAI-Lösungen bereits auf dem Markt zu welchem Zweck existieren. Mit diesen Informationen alleine wirst du jedoch nicht weit kommen. Möchtest du dich mit einem oder mehreren Tools genauer beschäftigen, so benötigst du weitere

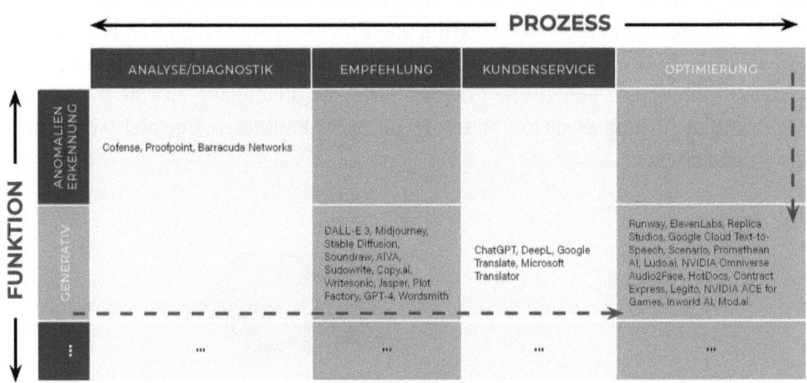

Abb. 3.6 Identifikation von Referenzlösungen in der Prozess/KI-Funktionen Matrix

FUNKTION \ PROZESS	ANALYSE/DIAGNOSTIK	EMPFEHLUNG	KUNDENSERVICE	OPTIMIERUNG
ANOMALIEN ERKENNUNG	Cofense, Proofpoint, Barracuda Networks			
GENERATIV		DALL-E 3, Midjourney, Stable Diffusion, Soundraw, AIVA, Sudowrite, Copy.ai, Writesonic, Jasper, Plot Factory, GPT-4, Wordsmith	ChatGPT, DeepL, Google Translate, Microsoft Translator	Runway, ElevenLabs, Replica Studios, Google Cloud Text-to-Speech, Scenario, Promethean AI, Ludo.ai, NVIDIA Omniverse Audio2Face, HotDocs, Contract Express, Legito, NVIDIA ACE for Games, Inworld AI, Mod.ai
MUSTERERKENNUNG	Affectiva, IBM Watson Tone Analyzer, Cogito, TensorFlow, PyTorch, Keras, Google Cloud Visual Inspection AI, Landing AI, Cogniac, Atomwise, Insilico Medicine, BenevolentAI, Tempus, Foundation Medicine, Flatiron Health, HubSpot, Google Analytics, Segment, HireVue, Pymetrics, Textkernel, Workday, Visier, Ultimate Software, Eightfold.ai, Hiretual, SeekOut, LawGeex, Kira Systems, Evisort, Westlaw Edge, Lexis Advance, Fastcase, Seal Software, DocuSign Insight, EnviroAI, EcoAnalyzer, GreenDataAI, SatEnviro, EcoSatAI, GreenSat, Medallia, Qualtrics, SurveyMonkey, DeepFace, FaceNet, Dlib, BriefCam, Agent Vi, IC Realtime, Sentinel-2 AI, PlantVillage, FlyPix, PlantDiseaseAI, RetailNext, ShopperTrak, NewsGuard, Logically, Factmata, H20.ai, RapidMiner, Schrödinger, Matlab Studio, Gaussian, Salesforce Einstein	Duolingo, Khan Academy, Syte, Google Lens, Pinterest Lens	Dialogflow, IBM Watson Assistant, Zendesk Guide, Helpshift, Babylon Health, Ada Health, Buoy Health, IBM Watson Tutor, Socratic by Google, Mya Systems, XOR, AllyO	DeepMotion, Cascadeur, Grammarly, BambooHR, Kalidus, Siemens Opcenter, Adobe Premiere Pro mit Adobe Sensei, DaVinci Resolve mit Neural Engine, Ivanti, Qualys, ManageEngine, HarvestBot, FruitPicker, AgriRobot, Focal Systems, Simbe Robotics, Trax, Zippin, Standard Cognition, WSC Sports, IBM Watson Media, Reely, Labstep, Benchling, Labguru
VORHERSAGE	Riskalyze, Kemsho, Lex Machina, Premonition, Ravel Law	Amazon Personalize, Google Recommendations AI, Salesforce Einstein		Schwab Intelligent Portfolios, Dynamic Pricing by Prisync, Pricefx, PROS Pricing, OptimoRoute, Route4Me, Onfleet, Waycare, eGrid GPT, PowerAI, GridOptimizer, RenewPredict, SolarForecast, WindPredict, ResourceOptimizer, EcoEfficiency, SustainResource, DataBricks, Crop Yield Prediction, CropLossAnalyzer, Smart Irrigation, GEAR Lab, Climavision, Horizon AI, IBM Environmental Intelligence Suite, Lamesoft, ClearMetal, FourKites, ClimaCell, IBM Environmental Intelligence Suite, Google's Project Green Light, Siemens Mobility's SCOOT System, IBM Traffic Prediction Tool

Abb. 3.7 Ausschnitt aus Prozesse/KI-Funktionen Matrix mit Tool-Card

Informationen. Zu diesem Zweck haben wir je Lösung eine Tool-Card entwickelt, welche dir einen ersten, groben Überblick über das jeweilige Tool liefert und von der du dann deine weitere Recherche starten kannst Abb. 3.8. Die Tool-Card enthält dabei neben der generellen Information über das Tool selbst noch die bereits bekannten Bewertungskriterien nach Prozess, Funktion und Anwendungsfeld, sowie die folgenden, zusätzlichen Attribute:

- **Modalität:** Diese definiert die Art und Weise der Datenaufnahme
- **Branchen:** In welchen Branchen wird das Tool überwiegend eingesetzt

DIALOGFLOW

Dialogflow ist eine Plattform zur Erstellung von Chatbots und virtuellen Assistenten, die natürliche Sprachverarbeitung nutzt. Es ermöglicht Entwicklern, interaktive und kontextbezogene Dialoge zu erstellen. Die Plattform unterstützt mehrere Sprachen und kann in verschiedene Messaging-Dienste integriert werden.

KI-Funktion: Mustererkennung
Modalität: Text
Prozess: Kundenservice
Field of Application: Virtueller Assistent
Branchen: Alle Branchen

Abb. 3.8 Exemplarische Tool-Card mit weiteren Informationen zur GenAI

In unserem Beispiel ist die Anzahl an Lösungen innerhalb der Matrix noch relativ überschaubar. Pflegt man jedoch die Matrix kontinuierlich, so kann die Übersichtlichkeit deutlich abnehmen. Um dennoch mit der Matrix zu arbeiten, empfehlen wir dann, anstatt der Lösungen das „Anwendungsfeld" anzuwenden. Somit wird die Anzahl der Einträge innerhalb der Matrix deutlich reduziert, da sich mehrere Lösungen unter einem „Anwendungsfeld" zusammenfassen lassen Abb. 3.9. In unserem Beispiel befinden sich in der Kriterienkombination „Analyse/Diagnostik" und „Anomalien Erkennung" Lösungen, welche der Cyber Security dienen. Mittels der Tool-Cards lassen sich dann die entsprechenden Lösungen ermitteln.

Im Folgenden finden sich die in der Matrix genannten Tools mit den entsprechenden Attributen der Tool-Card. Auszugsweise und zum besseren Verständnis sind diese hier im Buch dargestellt (Abb. 3.10). Da es sich um eine äußerst dy-

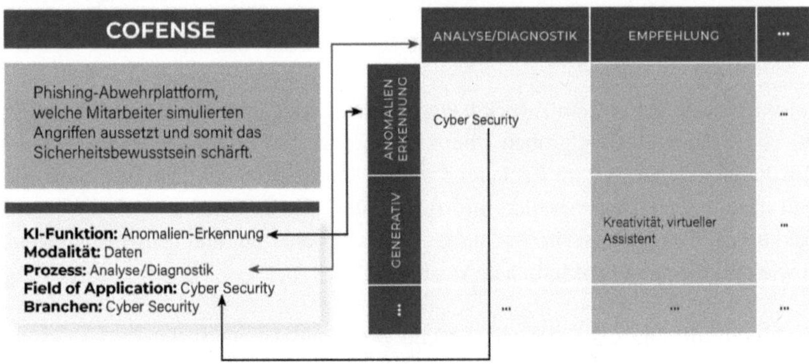

Abb. 3.9 Schematische Darstellung der Beziehung von Matrix und Tool-Card

TOOL	BESCHREIBUNG	KI-FUNKTION	MODALITÄT	PROZESS	BRANCHEN	ANWENDUNGSFELD
Dialogflow	Googles NLP-Plattform zur Erstellung von Chatbots und Sprachassistenten, die natürliche Sprache verstehen und auf verschiedenen Kanälen eingesetzt werden können.	Mustererkennung	Text	Kundenservice	Alle Branchen	virtueller Assistent
ChatGPT	Ein KI-gestützter Textgenerator von OpenAI, der in Echtzeit auf Eingaben reagiert und menschenähnliche Antworten liefert.	Generativ	Text	Kundenservice	Alle Branchen	virtueller Assistent
IBM Watson Assistant	Ein leistungsstarker virtueller Assistent für Unternehmen, der durch kontextbezogene Antworten und Integration in bestehende Systeme überzeugt.	Mustererkennung	Text	Kundenservice	Alle Branchen	virtueller Assistent
Affectiva	Erfasst Mimik, Tonfall und andere Verhaltenssignale, um Emotionen in Echtzeit zu analysieren.	Mustererkennung	Video	Analyse/ Diagnostik	Kundenservice, Healthcare	Emotionen
IBM Watson Tone Analyzer	Erkennt emotionale und sprachliche Stimmungen in Texten, z. B. Freude, Ärger oder Selbstvertrauen.	Mustererkennung	Text	Analyse/ Diagnostik	Kundenservice	Emotionen
Cogito	Echtzeit-Coaching für Kundenservice-Teams basierend auf Sprachanalyse und emotionaler Intelligenz.	Mustererkennung	Sprache	Analyse/ Diagnostik	Kundenservice, Gesundheitswesen	Emotionen
DALL-E 3	Ein Text-zu-Bild-Modell von OpenAI, das hochdetaillierte und kreative Bilder aus einfachen Beschreibungen generiert.	Generativ	Bild	Empfehlung	Kreativbranche, Marketing	Kreativität
Midjourney	Ein KI-Tool für künstlerische Bildgenerierung mit einem eigenen, unverwechselbaren Stil – besonders beliebt bei Designern.	Generativ	Bild	Empfehlung	Kreativbranche, Marketing	Kreativität
Stable Diffusion	Open-Source-Bildgenerierung, die aus Textbeschreibungen realistische oder kreative Bilder erstellt – lokal oder in der Cloud nutzbar.	Generativ	Bild	Empfehlung	Kreativbranche, Marketing	Kreativität

Abb. 3.10 Auszug aus Tool-Cards

namische Liste handelt, welche in seiner Aktualität sehr kurzen Zyklen unterliegt, wurde diese vollumfänglich unter https://github.com/Sultanow/genai-tool-catalog/tree/main hinterlegt und wird dort in regelmäßigen Abständen aktualisiert.

> ***Link zur Matrix und den Tool-Cards:*** https://github.com/Sultanow/genai-tool-catalog/tree/main

3.2.4 Wie übertrage ich eine ähnliche Lösung auf mein Problem?

Du hast eine Lösung aus einem ähnlichen Anwendungsbereich identifiziert, die deinem individuellen Problem nahekommt – doch wie passt du diese abstrakte Lösung konkret an deine Herausforderung an? Genau darum geht es in diesem Kapitel. Mit klaren Methoden und einem strukturierten Vorgehen machst du aus einer generischen Idee eine passgenaue Innovation für deinen Kontext Abb. 3.11.

Die Identifikation bestehender Lösungen für ähnliche Problemstellungen ist ein entscheidender, erster Schritt in Richtung einer individualisierten Lösung. Doch der Schlüssel zum Erfolg liegt in der systematischen Anpassung dieser Lösungen an deinen spezifischen Kontext. Dabei helfen dir folgende Leitfragen:

- **Welche Aspekte der bestehenden Lösung sind direkt übertragbar?**
- Analysiere, welche Elemente der identifizierten Lösung ohne Anpassungen in deinem Fall angewendet werden können
- **Welche müssen angepasst oder neu gedacht werden?**
- Überprüfe, ob bestimmte Funktionen oder Prozesse auf die speziellen Anforderungen deines Problems zugeschnitten werden müssen
- **Gibt es besondere Anforderungen in meinem Kontext, die die ursprüngliche Lösung nicht berücksichtigt?**
- Identifiziere, ob es branchenspezifische Vorgaben, Nutzererwartungen oder technische Einschränkungen gibt, die zusätzliche Anpassungen erfordern

Beispiel Ein Sprachassistenzsystem wie MBUX von Mercedes ist für die Nutzung im Auto optimiert. Doch wie kann diese Lösung auf einen anderen Bereich – etwa ein Kundenservice-Callcenter – übertragen werden? Während die Grundidee der

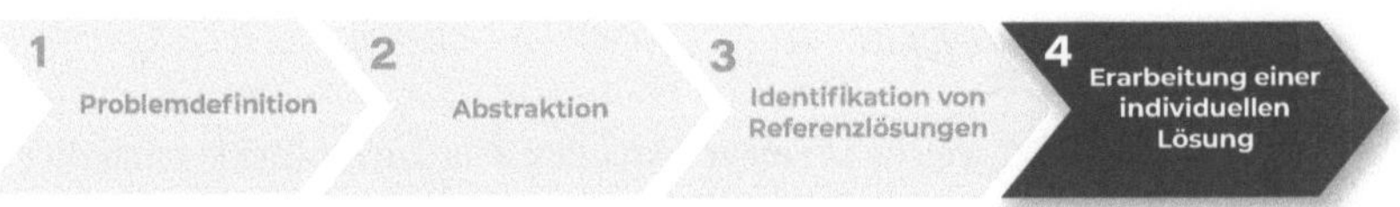

Abb. 3.11 Schritt 4: Erarbeitung einer individuellen Lösung

Sprachsteuerung erhalten bleibt, müssten Anpassungen vorgenommen werden, z. B. an branchenspezifische Anforderungen wie Datenschutzrichtlinien oder Gesprächsdynamik. Zudem könnten zusätzliche Funktionen wie die Integration in bestehende CRM-Systeme erforderlich sein.

Durch diesen strukturierten Ansatz stellst du sicher, dass die abstrakte Lösung praxisgerecht und wirksam auf dein individuelles Problem angewendet wird.

Gibt es hierfür geeignete Methoden?

Um zielgerichtet an der Lösung zu arbeiten, ist ein methodisches und strukturiertes Vorgehen entscheidend. Die Wahl der passenden Methode hängt stark von deinem Time-to-Market ab – also davon, wie viel Zeit und Ressourcen dir für die Entwicklung der individuellen Lösung zur Verfügung stehen. Daraus leiten sich Kategorien von Methoden ab:

1. **Fast-Lane-Methoden:** Ideal, wenn Zeit und Ressourcen knapp sind oder das Problem keiner besonderen Komplexität unterliegt. Primäres Ziel dieser Methode ist es, in kürzester Zeit erste Ergebnisse zu liefern und diese durch schnelles Iterieren weiterentwickeln zu können.

Beispiele:

- **Benchmarking:** Analyse von bestehenden Lösungen zur Identifizierung von Best-Practices, um diese für das eigene Problem anzupassen
- **Design-Thinking:** Schnelle Ideengenerierung und Prototyping durch kurze, kreative Workshops

2. **Umfangreiche Methoden:** Im Gegensatz dazu erfordern komplexe Problemstellungen oder strategische Projekte mit langfristigen Auswirkungen gründlichere und detaillierte Ansätze. Umfangreiche Methoden stellen dabei eine tiefergehende Analyse und eine maßgeschneiderte Lösung sicher, sind jedoch deutlich kosten- und zeitintensiver.

Beispiele:

- **Value-Engineering:** Systematische Analyse der bestehenden Lösung, um die Elemente mit dem größten Mehrwert für das Problem zu identifizieren.
- **Systematisches Requirements-Engineering:** Erfassung, Analyse und Dokumentation aller spezifischen Anforderungen des Problems. Entwicklung einer Lösung welche die erhobenen Anforderungen vollständig abdeckt.

Wann eignet sich welche Methode?

- **Fast-Lane-Methoden:** Ideal, wenn der Fokus auf einer schnellen Umsetzung liegt oder das Problem relativ überschaubar mit geringer Komplexität ist. Optimal geeignet, um erste Lösungsansätze zu testen und frühzeitig Feedback einzuholen.
- **Wide-Ranging-Methoden:** Bei komplexen Herausforderungen, welche eine strategische und langfristige Herangehensweise erfordert. Diese bieten eine solide Grundlage für nachhaltige Lösungen.

Entscheidend für die Wahl der Methode sind die Komplexität des Problems sowie die verfügbaren Ressourcen. Gerade letzteres ist vor Entscheidung und Umsetzung zu prüfen.

Fast Lane Methoden

Was versteht man unter Fast-Lane-Methoden?
Methoden zur Generierung schneller Ergebnisse im Bereich der Innovationsentwicklung zeichnen sich insbesondere durch ihre Effizienz und Flexibilität aus. Innerhalb kürzester Zeit werden praxistaugliche Ergebnisse bereitgestellt, ohne vorab aufwändige Analysen oder umfassende Planungen durchzuführen. Besonders die Möglichkeit in einem äußerst frühen Stadium der Entwicklung erste Feedbacks einholen zu können, um somit die Lösung iterativ zu verbessern, ist von unschätzbarem Wert. SAFe (Scaled Agile Framework) liefert hierzu beispielsweise eine Reihe ausgezeichneter Ansätze zum Vorgehen.

Beispiele aus der Praxis:

- **Tesla:** Das Unternehmen setzt auf kurze Innovationszyklen, um neue Technologien und Features innerhalb kürzester Zeit zu testen und auf den Markt zu bringen. Prototypen werden schnell entwickelt, getestet und optimiert
- **Google:** Mit Design Sprints testet Google in nur wenigen Tagen neue Ideen und sammelt Nutzerfeedback, bevor größere Ressourcen investiert werden

Wie sieht das grobe Vorgehen zur Umsetzung aus?
Bei der Umsetzung einer **schnellen Methode** wäre folgendes Vorgehen denkbar:

1. **Problem und Lösung grob abgleichen:** Überprüfe, ob die Hauptkomponenten einer bestehenden Lösung für dein Problem relevant sind.
2. **Prototyp entwickeln:** Erstelle eine einfache Version der Lösung, die die wichtigsten Funktionen abdeckt (MVP).

3. **Testphase einleiten:** Teste den Prototyp in einer realistischen Umgebung und sammle Feedback.
4. **Iterieren:** Passe die Lösung basierend auf den Testergebnissen an und verbessere sie schrittweise.

Warum sind schnelle Methoden sinnvoll? Sie bieten einen pragmatischen Ansatz, um Risiken zu minimieren und gleichzeitig rasch marktfähige Ergebnisse zu erzielen. Gerade bei hoher, terminlicher Kritikalität oder bei begrenzt verfügbaren Ressourcen entfalten diese Methoden ihre ganze Wirkung, um Innovationen voranzutreiben.

Wie funktioniert ein Abgleich von Problem und Lösung?

Ein klares und eindeutiges Bild deines Ausgangsproblems ist die unabdingbare Basis und der Ausgangspunkte aller Folgeaktivitäten, insbesondere auch bei der Wahl von schnellen Vorgehensweisen. Fehler oder Versäumnisse in dieser frühen Phase beeinflussen den weiteren Verlauf der Lösungsfindung nachhaltig und führen unweigerlich zu ineffektiven oder gar komplett unbrauchbaren Ergebnissen. Daher solltest du dir ausreichend Zeit nehmen, um sicherzustellen, dass die Problemstellung eindeutig formuliert ist.

Schritte zum Abgleich von Problem und Lösung
1. **Problemdefinition analysieren:** Stelle sicher, dass dein Problem klar und präzise definiert ist. Verwende dazu eine standardisierte Satzschablone, um die Problemstellung zu strukturieren.

   Beispiel: „Unser Team hat das Problem, dass Routineanfragen viel Zeit in Anspruch nehmen. Dies betrifft den Prozess „Optimierung", sowie die Funktion „Generativ", weil die Aufgaben manuell bearbeitet werden und so Zeit und Effizienz verloren gehen."
2. **Lösung evaluieren:** Untersuche die bestehende Lösung auf ihre Hauptkomponenten und Stärken. Überlege, welche dieser Eigenschaften für dein Problem relevant sind.

   Beispiel: Ein KI-Tool für die Bearbeitung von Kundenanfragen nutzt automatisierte Textanalysen und Vorlagen für schnelle Antworten.
3. **Gemeinsamkeiten prüfen:** Identifiziere, welche Elemente der bestehenden Lösung direkt auf dein Problem übertragbar sind. Achte darauf, dass diese Elemente deinen Anforderungen entsprechen.

   Beispiel: Textanalysen und Vorlagen könnten die manuelle Bearbeitung von Anfragen in deinem Team ersetzen.

4. **Lücken identifizieren:** Analysiere und identifiziere alle unbrauchbaren, sowie anzupassenden Aspekte der bestehenden Lösung. Die so gewonnenen Erkenntnisse fließen nun ein, um Anpassungen oder Erweiterungen zu planen.

   Beispiel: Die Vorlagen müssen so gestaltet werden, dass sie die individuellen Bedürfnisse deiner Kunden berücksichtigen.

Durch diesen systematischen Abgleich stellst du sicher, dass die bestehende Lösung nicht nur deinem Problem entspricht, sondern auch optimal an deine spezifischen Anforderungen angepasst werden kann.

Wie entwickelt man einen Prototyp?

Wurde das Problem definiert, schließt sich unmittelbar die Entwicklung eines ersten Prototyps an. Ziel ist dabei, eine frühe, funktions- und testfähige Version zu generieren.

Schritte zur Entwicklung eines Prototyps

1. **Den minimalen Funktionsumfang definieren:** Definition, welche Funktionen unbedingt notwendig sind, um das Problem zu lösen. Konzentriere dich auf die Kernanforderungen.

   Beispiel: Der Prototyp für eine automatisierte Anfragenbearbeitung muss eine einfache Textanalyse und drei standardisierte Antwortvorlagen beinhalten.

2. **Werkzeuge auswählen:** Nutzung von Tools, welche eine schnelle Umsetzung ermöglichen. Speziell No-Code- oder Low-Code-Plattformen eignen sich hervorragend für erste Tests.

3. **Schnelle Entwicklung:** Der Fokus bei der Generierung der Lösung liegt auf Funktionalität, nicht auf Perfektion. Ziel ist es, schnell Ergebnisse zu erzielen.

   Beispiel: Lade ein kleines Set von Kundendaten hoch und teste die automatische Generierung von Antworten.

4. **Feedbackschleifen einplanen:** Je früher der Endnutzer in den Prozess einbezogen wird, umso besser. Laufende Rückmeldungen zur Benutzerfreundlichkeit und Funktionalität bieten die Möglichkeit, den Prototyp kontinuierlich zu verbessern.

Warum Prototyping wichtig ist Durch Prototyping erhältst du früh ein erstes, vorzeigbares und testbares Produkt. Getätigte Annahmen können somit rasch validiert und widerlegt werden und potentielle Schwachstellen bereits im Anfangsstadium aufgedeckt werden. Die Lösung wird dadurch mit jeder Iteration, stabiler, besser, und nutzbringender. Darüber hinaus erhältst du durch die Einbindung von

Nutzern bereits im Vorfeld einen guten Eindruck über die Akzeptanz der finalen Lösung und kannst ggf. entsprechende Maßnahmen zur Steigerung ergreifen.

Wie testet man einen Prototyp?
Schnelligkeit bedeutet nicht, auf Testphasen zu verzichten. Im Gegenteil: Eine sorgfältige Testplanung ist unerlässlich, um sicherzustellen, dass der Prototyp den Anforderungen entspricht und praxisnah funktioniert. Hier sind die wichtigsten Schritte:

1. **Testszenarien definieren:** Simuliere reale Bedingungen, unter denen der Prototyp eingesetzt werden soll. Formuliere klare Aufgaben, die der Prototyp bewältigen muss.
   Beispiel: Teste, ob die generierten Antworten korrekt und zeitnah erstellt werden.
2. **Kleine Nutzergruppe einbeziehen:** Wähle eine Gruppe von 5–10 Personen aus, die mit dem Problem vertraut sind. Diese Testgruppe liefert wertvolle Rückmeldungen zur Benutzerfreundlichkeit und Funktionalität.
3. **Ergebnisse messen:** Erfasse sowohl qualitative als auch quantitative Daten, um den Erfolg des Prototyps zu bewerten. Nutze Metriken wie Bearbeitungszeit, Fehlerquote oder Nutzerfeedback.
   Beispiel: „Die Antwortzeit sank im Test von 10 min auf 2 min."
4. **Iterieren:** Passe den Prototyp basierend auf dem erhaltenen Feedback an. Vergesse dabei nicht, auch in jeder Iteration Testzyklen einzuplanen, um die Lösung Schritt für Schritt zu optimieren und zu stabilisieren.

Das iterative Vorgehen stellt somit sicher, dass sich dein Prototyp auch an den tatsächlichen Anforderungen orientiert, diese erfüllt und somit praxistauglich ist. Ein regelmäßiges Testen trägt dann dazu bei, Schwachstellen zu eliminieren und die Lösung stetig im Sinne der Qualität und den Anwendernutzens zu verbessern.

Extensive Methoden

Was versteht man unter extensiven Methoden?
Im Vergleich zu schnellen Methoden mit Fokus auf Quick Wins, Prototyping und schnellem Feedback, konzentrieren sich extensive Methoden auf tiefe, systematische Herangehensweisen. Besonders bei sehr komplexen Problemstellungen oder Projekten mit langfristig, strategischen Zielen, kommen diese Methoden häufiger zum Einsatz. Zwar erfordern sie mehr Zeit und Ressourcen, können jedoch mitunter gründlichere und nachhaltigere Ergebnisse erzielen.

Beispiele aus der Praxis

- **Siemens:** Hier kam bisweilen Value-Engineering zum Einsatz, um Produktionsprozesse systematisch zu analysieren und zu optimieren
- **SAP:** Mittels systematischem Requirement-Engineering, werden Kundenanforderungen präzise erfasst, um bedarfsgerechte Lösungen zu generieren.

Das Vorgehen bzw. die Umsetzung von umfangreichen Methoden könnte dabei wie folgt aussehen

1. **Anforderungsanalyse:** Erfassung der individuellen, funktionalen und nicht funktionalen Anforderungen, sowie Unterteilung in klare Kategorien wie „Must-Have" und „Nice-to-Have".
2. **Detaillierter Vergleich:** Analyse bestehender Lösungen, welche Aspekte und Elemente auf das eigene Problem direkt übertragbar sind und welche erst einer Anpassung unterzogen werden müssen.
3. **Konzeptentwicklung:** Erstellung eines auf die identifizierten Anforderungen abgestimmten Konzeptes.
4. **Implementierung:** Schrittweise Einführung der Lösung, ggf. auch unter Einbindung von Change Management.
5. **Evaluation:** Regelmäßige Überprüfung der Akzeptanz, Nachhaltigkeit und des Anwendernutzens.

Aufgrund umfangreicherer Analysen und Vorarbeiten liefern umfangreiche Methoden in der Regel passgenaue Lösungen und kommen oftmals zur Anwendung, wenn strategische Aspekte oder hohe Komplexitäten im Fokus stehen.

Wie führt man beispielhaft eine Anforderungsanalyse durch?
Zur methodischen Erfassung deines Problems kannst du beispielsweise wie folgt vorgehen:

1. **Stakeholder identifizieren:** Erstelle eine Liste der Personen oder Gruppen, die von der Lösung betroffen sind.
   Beispiel: Kundenservice-Mitarbeiter, IT-Abteilung, Teamleiter.
2. **Interviews und Workshops:** Führe Gespräche oder Workshops durch, um Bedürfnisse, Erwartungen und Herausforderungen zu erfassen.
   Fragen: „Welche Aufgaben nehmen am meisten Zeit in Anspruch? Wo liegen die größten Frustrationen?"
3. **Anforderungen strukturieren:** Sortiere die Ergebnisse in Kategorien wie „Must-Have", „Nice-to-Have" und „Optional".

4. **Dokumentation:** Erstelle ein Lastenheft, welches eine detaillierte Aufstellung aller erhobenen Anforderungen enthält.

Auswertung der bestehenden Lösungen auf Verwendbarkeit

Ist das Problem klar definiert, entsprechend den Bewertungskriterien eingeordnet und dokumentiert, können nun die entsprechenden, bestehenden Lösungen dahingehend untersucht werden, inwieweit diese für deine Zwecke geeignet sind. Dabei empfiehlt es sich, systematisch die Funktionen und Merkmale der bestehenden Lösung mit den eigenen Anforderungen abzugleichen.

Schritte zur Untersuchung und zum Vergleich

1. **Merkmale der bestehenden Lösung analysieren:** Untersuche die vorhandenen Lösungen im Detail. Achte dabei auf ihre Funktionen, verwendete Technologien und mögliche Anwendungsbereiche.

   Beispiel: Ein Sprachassistenzsystem bietet Funktionen wie Sprachsteuerung, Kontextanalyse und Personalisierung.

2. **Anforderungsprofil erstellen:** Definiere ein klares Profil deiner Anforderungen und vergleiche dieses mit den Merkmalen der bestehenden Lösung.

3. **Bewertungstabelle nutzen:** Erstelle eine Matrix, um die Funktionen der Lösung im Hinblick auf deine Anforderungen zu bewerten. Nutze dabei eine Skala (z. B. von 1 bis 5), um den Grad der Erfüllung zu messen.

   Beispiel: Die Sprachsteuerung erfüllt vollumfänglich das Kriterium „Intuitive Bedienung" und erhält somit den Wert (5/5). Da sie jedoch keine Unterstützung für spezifische branchenspezifische Anforderungen bietet, schneidet sie dort mit dem Wert (2/5) ab.

4. **Entscheidung treffen:** Im letzten Schritt gilt es nun jene Elemente der bestehenden Lösung herauszufiltern, welche als „passend" oder „anzupassen" identifiziert wurden, um die erhobenen Anforderungen vollumfänglich zu erfüllen.

Die Anwendungen dieses Vorgehens ermöglicht es dir also systematisch bestehende Lösungen zu analysieren, zu bewerten und deren Eignung für dein individuelles Problem zu bestimmen.

Wie entwickelt man das Konzept, wie ist dabei vorzugehen?

Hast du die passende Lösung identifiziert, beginnt die Phase der Konzeptentwicklung. Hierbei entwirfst du eine detaillierte Roadmap, wie die Lösung umgesetzt werden soll.

Schritte zur Entwicklung eines Konzepts

1. **Zielbild definieren:** Beschreibe das gewünschte Endergebnis sowie die zentralen Funktionen, die die Lösung erfüllen soll.

   Beispiel: „Ein Sprachassistenzsystem, das personalisierte Fahrassistenz bietet."

2. **Lösungsarchitektur entwerfen:** Lege die erforderlichen Komponenten der Lösung fest, einschließlich Datenbanken, Algorithmen und Schnittstellen.

3. **Schritte zur Umsetzung planen:** Erstelle eine Roadmap mit klaren Meilensteinen wie: Prototypenentwicklung, Testphase, Iterationen basierend auf Feedback

4. **Ressourcen identifizieren:** Plane, welche Tools, Teams und Budgets für die Umsetzung benötigt werden.

5. **Risikomanagement:** Analysiere potenzielle Risiken und entwickle Maßnahmen, um diese zu minimieren.

Ein gutes Konzept bildet somit die solide Basis für eine erfolgreiche Umsetzung und ermöglicht eine effiziente und nachhaltige Implementierung.

Wie läuft die Implementierung ab?

Mit der Umsetzung wird die Lösung aus der Planungsphase in die Praxis überführt. Das bislang „geistige Konstrukt" wird sozusagen zum Leben erweckt. Jeder Schritt, jede Aktivität ist nun strukturiert, sorgfältig und mit Bedacht durchzuführen.

Schritte zur Implementierung

1. **Team aufstellen:** Hier bestimmst du die Verantwortlichkeiten, kurz „wer macht was". Rollen (z. B. Entwickler, Tester, Projektmanager, etc.) müssen dabei klar definiert sein. Im ungünstigsten Fall geraten die Abläufe aufgrund unklarer Kompetenzen und Aufgaben ins Stocken.

2. **Iterative Umsetzung:** Setze auf agile Sprints mit in sich geschlossenen Inkrementen. Sie ermöglichen es dir, frühzeitig wichtige Erkenntnisse über deine Lösung zu erhalten und bei Bedarf entsprechend gegenzusteuern. Somit stellst du eine laufende Optimierung sicher.

3. **Qualitätssicherung:** Führe regelmäßige Testzyklen ein, welche sowohl einzelne Komponenten als auch deren Integration in das Gesamtsystem prüfen. Ziel ist eine frühzeitige Identifikation und Behebung von Fehlern.

4. **Schulung:** Plane Tutorials, Workshop und Schulungen ein, um die Anwender sowohl praktisch als auch emotional auf die Nutzung der neuen Lösung vorzubereiten. Eine gute Einführung fördert die Akzeptanz.

5. **Rollout:** Suche dir zunächst einen kleinen, überschaubaren Bereich mit positiver Einstellung zur neuen Lösung, um ein Pilotprojekt zu starten und potentielle Probleme in einem geschützten Umfeld zu identifizieren. Erst dann folgt die vollständige Implementierung.
6. **Monitoring:** Mit dem Rollout geht deine Lösung in den Betrieb über. Jedoch sollte hier der Prozess nicht enden. Überwache weiterhin kontinuierlich die Nutzung der Lösung und optimiere sie bei Bedarf entsprechend der Nutzerdaten und Feedbacks. Dies sichert dir die Nachhaltigkeit und den Erfolg deiner Lösung.

Warum ist die Implementierung wichtig? Die technische Umsetzung ist nur die Hälfte der Miete. Was nutzt eine brillant umgesetzte Lösung, wenn Sie nicht genutzt wird bzw. an den wichtigsten Anforderungen vorbeientwickelt wurde? Durch eine strukturierte Implementierung wird sichergestellt, dass das Ergebnis sowohl technisch voll funktionsfähig ist, als auch den geplanten Nutzen stiftet, indem es auch die für den Anwender wichtigen Funktionalitäten abdeckt. eine gut strukturierte Implementierung ist somit auch eine gewisse Qualitätssicherung und minimiert die Risiken.

Wie prüfe ich, ob die Lösung mein Problem löst?

Du hast deine Lösung konzipiert, umgesetzt und bist bereit für den Go-Live. Um jedoch absolut sicher zu gehen, dass deine Lösung definitiv das Problem adressiert und alle Anforderungen abgedeckt wurden, empfiehlt es sich, das finale Ergebnis nochmals einem letzten, gründlichen Test zu unterziehen. An dieser Stelle hast du nochmal die Möglichkeit Anpassungen und Fehlerbehebungen vorzunehmen. Denn bedenke nach dem Go-Live zählt der erste Eindruck.

Schritte zur Überprüfung
1. **Erfolgskriterien definieren:** Lege fest, was genau die Lösung erreichen soll. Diese Kriterien sollten spezifisch und messbar sein.
   Beispiel: „Die Bearbeitungszeit für Kundenanfragen soll um 30 % reduziert werden."
2. **Lösung im Praxisumfeld testen:** Simuliere reale Bedingungen und prüfe, ob die Lösung wie vorgesehen funktioniert. Dies hilft dir, letzte Schwachstellen nochmals zu identifizieren.
3. **Feedback sammeln:** Hole dir das Feedback direkt von der Quelle. Frühe Nutzerbefragungen durch, um zu erfahren, ob die Lösung die gewünschten Ergebnisse liefert und leicht anwendbar ist. Nutzerfeedbacks sind geben dir den ungefilterten und realistischsten Blick auf die Praxistauglichkeit deiner Lösung.

4. **Lösung optimieren:** Passe die Lösung entsprechend der Ergebnisse der Tests und Feedbacks an. Iterieren hierbei solange bis die Lösung den Anforderungen vollständig entspricht.

Warum ist die Prüfung entscheidend? Eine gründliche Überprüfung sorgt dafür, dass die Lösung nicht nur theoretisch, sondern auch praktisch wirksam ist. Sie verhindert Fehlinvestitionen und stellt sicher, dass die entwickelte Lösung den gewünschten Mehrwert liefert.

Fazit

Ob du dich für eine schnelle oder umfangreiche Methode entscheidest, hängt von deinem Problem, deinen Ressourcen, deinem Ziel aber auch deinem Methodenwissen ab. Wichtig ist, dass du systematisch vorgehst, klare Erfolgskriterien definierst und die Lösung immer wieder an der Praxis misst. Nur so stellst du sicher, dass deine individualisierte Lösung nicht nur gut klingt, sondern dein Problem tatsächlich löst.

Schnelle Methoden liefern dir in kürzester Zeit erste Ergebnisse, während umfangreiche Ansätze eine tiefgehende Anpassung und langfristige Optimierung ermöglichen. Entscheidend ist, die Methode an die Komplexität deines Problems und die verfügbaren Ressourcen anzupassen.

Anwendung am Beispiel konkreter Branchen

4

Jetzt wird es konkret. In diesem Kapitel erfährst du, wie die Matrix funktioniert und wie du sie effektiv anwendest. Bei der Vielzahl an bereits existierenden GenAI-Lösungen über alle Branchen hinweg besteht eine sehr hohe Wahrscheinlichkeit, dass bereits für ein ähnliches Problem wie deines, eine Lösung existiert. Möglicherweise in einem völlig anderen Kontext, vielleicht auch aus einem völlig anderen Fachgebiet. Das Grundproblem, bzw. die grundsätzliche Herausforderung kann sich jedoch erheblich ähneln. Die Matrix ist dein methodisches Werkzeug, welches dich bei der Orientierung innerhalb dieser großen Zahl an Lösungen systematisch unterstützt. Ob Industrie, Dienstleistung, öffentlicher Dienst, etc., mit dieser Methode bleibt deine Idee nicht länger nur eine Idee.

4.1 Finanzen: Betrugserkennung

Anwendungsfall: Finanzinstitute müssen Transaktionen in Echtzeit überwachen, um betrügerische Aktivitäten zu erkennen und zu verhindern.

Anforderung an das IT-System:
- *Echtzeit-Datenanalyse*: Das System muss in der Lage sein, große Mengen an Transaktionsdaten in Echtzeit zu analysieren
- *Mustererkennung:* Es muss komplexe Muster und Anomalien in den Daten erkennen können
- *Automatisierte Warnungen:* Bei verdächtigen Aktivitäten müssen automatisch Warnungen generiert werden

© Der/die Autor(en), exklusiv lizenziert an Springer-Verlag GmbH, DE, ein Teil von Springer Nature 2026
C. Czarnecki et al., *Ideengenerierung mit KI*, essentials,
https://doi.org/10.1007/978-3-662-72544-3_4

- *Skalierbarkeit:* Das System muss skalierbar sein, um mit wachsenden Datenmengen umgehen zu können

GenAI-Lösung: Eine KI-gestützte Betrugserkennungslösung, die maschinelles Lernen verwendet, um Transaktionsmuster zu analysieren und Anomalien zu identifizieren

Nutzen für das Unternehmen:
- *Reduzierung von Betrugsfällen:* Schnellere und genauere Erkennung von Betrug
- *Kosteneinsparungen:* Weniger finanzielle Verluste durch betrügerische Aktivitäten
- *Verbesserte Kundensicherheit:* Höhere Sicherheit und Vertrauen der Kunden in die Finanzdienstleistungen

Das strukturierte Vorgehen
Formulierung des Anwendungsfalls mit der Satzschablone:

„Das Finanzinstitut hat das Problem, dass betrügerische Aktivitäten nicht rechtzeitig erkannt und verhindert werden. Dies betrifft die Funktion der Anomalien-Erkennung bzw. Mustererkennung, sowie den Prozess der Analyse/Diagnostik, weil Transaktionen kontinuierlich überwacht werden müssen, um verdächtige Aktivitäten sofort zu identifizieren und zu stoppen."

Folgende Bewertungskriterien wurde identifiziert:
Prozess: Analyse/Diagnostik
Funktion: Anomalien Erkennung und Mustererkennung

Mögliche Lösungskandidaten in der Matrix: Cofense (vgl. Abb. 4.1)

Schritte zur schnellen Umsetzung

1. **Problem und Lösung grob abgleichen:**
   Lösung evaluieren
   Cofense bietet eine umfassende Lösung zur Erkennung und Abwehr von Phishing-Angriffen.
   Die Hauptkomponenten und Stärken umfassen:
   - *PhishMe:* Schulungen zur Erkennung und Meldung von Phishing-E-Mails.
   - *Reporter:* Ein Tool zur einfachen Meldung verdächtiger E-Mails durch Mitarbeiter.
   - *Triage:* Automatisierte Analyse und Reaktion auf gemeldete Phishing-Vorfälle.

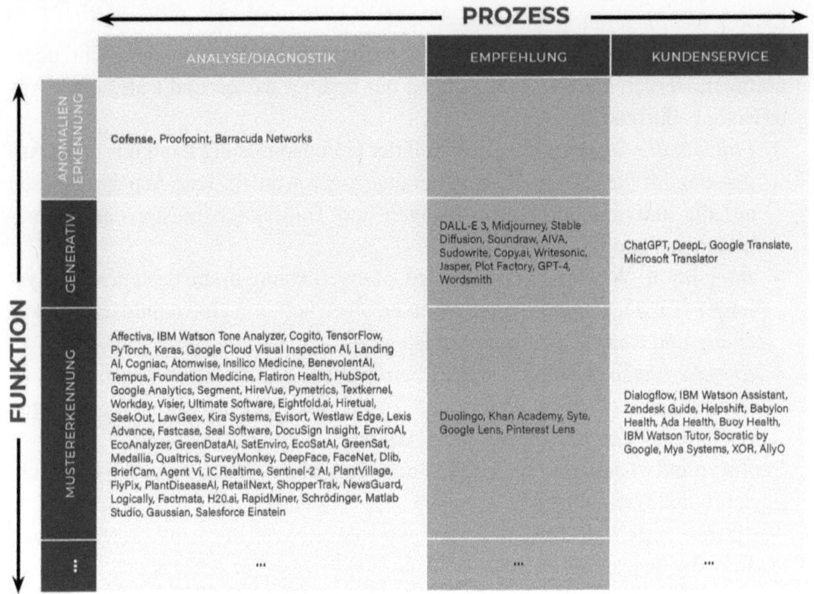

Abb. 4.1 Bewertungskriterien und dazugehörige potenzielle GenAI-Lösung

- *Vision:* Erkennung und Blockierung von Phishing-E-Mails, die herkömmliche Sicherheitslösungen umgehen.
- *Intelligence:* Weltweites Netzwerk von geschulten Mitarbeitern, welches Bedrohungsdaten zur Verwendung bereitstellt.

Gemeinsamkeiten prüfen

Im nächsten Schritt identifizierst du die für dein Problem relevanten und passenden Komponenten:

- PhishMe und Reporter helfen dabei, Mitarbeiter zu schulen, verdächtige Aktivitäten schnell zu identifizieren und entsprechend zu melden.
- Durch automatisierte Erkennung und Reaktion bieten Triage und Vision die Möglichkeit der kontinuierlichen Überwachung und Identifikation verdächtiger Transaktionen.
- Intelligence unterstützt und verbessert die Anomalien- und Mustererkennung, indem es umfangreiche und wertvolle Bedrohungsdaten zur Verfügung stellt.

Lücken identifizieren

Überprüfe die Cofense-Lösung dann auch auf Aspekte, welche nicht übernommen werden können, bzw. welche nur bedingt passen und somit einer Anpassung bedürfen:

- *Individuelle Anpassungen:* Ein Teil der Cofense-Lösung kann nur unter Anpassung für die Problemlösung herangezogen werden. Jene Aspekte müssen auf die individuellen Anforderungen und Transaktionsmuster des Finanzinstituts angepasst werden.
- *Integration:* Wie integrierst du die Cofense-Lösung in die bestehenden Systeme? Überlege wie die Integration erfolgen soll, um eine nahtlose Überwachung und Reaktion zu gewährleisten.
- *Erweiterungen:* Um auch andere betrügerische Aktivitäten identifizieren zu können sind gegebenenfalls auch zusätzliche Module oder Anpassungen notwendig. Überprüfe auch diese Aspekte.

2. **Prototyp entwickeln:** Erstelle eine einfache Version der Lösung, die die wichtigsten Funktionen abdeckt.
3. **Testphase einleiten:** Teste den Prototyp in einer realistischen Umgebung und sammle Feedback.
4. **Iterieren:** Passe die Lösung basierend auf den Testergebnissen an und verbessere sie schrittweise.

4.2   Öffentlicher Dienst: Automatisierte Bürgeranfragen

Anwendungsfall: Behörden müssen eine große Anzahl von Bürgeranfragen effizient bearbeiten.

Anforderung an das IT-System:

- *Spracherkennung:* Das System muss in der Lage sein, gesprochene Anfragen zu verstehen und zu verarbeiten.
- *Natürliche Sprachverarbeitung (NLP):* Es muss natürliche Sprache analysieren und interpretieren können.
- *Automatisierte Antworten:* Das System sollte in der Lage sein, automatisch passende Antworten zu generieren.
- *Integration:* Die Integration in bereits bestehende Verwaltungssysteme muss sichergestellt sein.

GenAI-Lösung: Einsatz eines Chatbots zur automatischen Annahme und Beantwortung von Bürgeranfragen.

Nutzen für das Unternehmen:

- *Effizienzsteigerung:* Schnellere Bearbeitung von Anfragen
- *Entlastung der Mitarbeiter:* Ausrichtung und Fokussierung der Mitarbeiter auf komplexere Aufgaben
- *Verbesserter Bürgerservice:* Höhere Zufriedenheit der Bürger durch schnelle und präzise Antworten

Das strukturierte Vorgehen

Formulierung des Anwendungsfalls mit der Satzschablone:

„Die Behörde hat das Problem, dass Bürgeranfragen nicht effizient bearbeitet werden. Dies betrifft den Prozess des Kundenservice und die Funktion von Generativ, weil eine große Anzahl von Anfragen schnell und präzise beantwortet werden muss, um den Bürgern einen zufriedenstellenden Service zu bieten."

Folgende Bewertungskriterien wurde identifiziert:

Funktion: Generativ

Prozess: Kundenservice

Mögliche Lösungskandidaten in der Matrix: ChatGPT

Schritte zur schnellen Umsetzung

1. **Problem und Lösung grob abgleichen:**

   Lösung evaluieren

   ChatGPT bietet eine leistungsstarke Lösung zur Bearbeitung von Anfragen durch generative KI. Die Hauptkomponenten und Stärken umfassen:

   - *Natürliche Sprachverarbeitung:* Fähigkeit, menschliche Sprache zu verstehen und darauf zu reagieren.
   - *Kontextbewusstsein:* Verstehen und Beantworten von Anfragen basierend auf vorherigen Interaktionen.
   - *Skalierbarkeit:* Bearbeitung einer großen Anzahl von Anfragen gleichzeitig.
   - *Personalisierung:* Anpassung der Antworten basierend auf spezifischen Benutzerinformationen und Präferenzen.
   - *Automatisierung:* Reduzierung des manuellen Aufwands durch automatisierte Antworten auf häufig gestellte Fragen.

Gemeinsamkeiten prüfen

Identifiziere, welche dieser Komponenten für dein Problem relevant sind:

- Natürliche Sprachverarbeitung und Kontextbewusstsein könnten helfen, Bürgeranfragen präzise und schnell zu beantworten.
- Skalierbarkeit zur Gewährleistung einer effizienten Bearbeitung bei erhöhtem Anfragevolumen.
- Eine Personalisierung könnte den Service dahingehend verbessern, als das Antworten auf die individuellen Bedürfnisse und Anliegen zugeschnitten werden und weitere Rückfragen somit entfallen.
- Automatisierung bedeutet die Reduktion von manuellen Aufwänden und ggf. auch Beschleunigung des Prozesses, was sich wiederum deutlich auf die Effizienz des Kundenservice auswirkt.

Lücken identifizieren

2. Überprüfe welche Aspekte der ChatGPT-Lösung nicht direkt anwendbar sind und daher im weiteren Verlauf eventuell zur Problemlösung angepasster werden müssen:
   - *Individuelle Anpassungen:* Identifikation der notwendigen, anzupassenden Aspekte der ChatGPT-Lösung auf die individuellen Anforderungen und Prozesse der Behörde.
   - *Integration:* Was ist zu tun, um ChatGPT in die bestehenden Systeme zu integrieren und dadurch die Bearbeitung von Anfragen sicherzustellen. .
   - *Erweiterungen:* Berücksichtigung zusätzlicher Module oder Anpassungen, um spezifische oder komplexe Anfragen bearbeiten zu können.
3. **Prototyp entwickeln:** Erstelle eine einfache Version der Lösung, die die wichtigsten Funktionen abdeckt.
4. **Testphase einleiten:** Teste den Prototyp in einer realistischen Umgebung und sammle Feedback.
5. **Iterieren:** Passe die Lösung basierend auf den Testergebnissen an und verbessere sie schrittweise.

4.3   Automobil: Predictive Maintenance

Anwendungsfall: Automobilhersteller möchten die Wartung von Fahrzeugen vorausschauend planen, um Ausfallzeiten zu minimieren.

Anforderung an das IT-System:

- *Datenintegration:* Das System muss Daten von verschiedenen Fahrzeug-
  sensoren sammeln und integrieren können
- *Prognosemodelle:* Es muss in der Lage sein, maschinelle Lernmodelle zu ver-
  wenden, um Wartungsbedarfe vorherzusagen
- *Benachrichtigungen:* Automatische Benachrichtigungen an Fahrzeughalter und
  Werkstätten bei bevorstehenden Wartungsarbeiten
- *Benutzerfreundlichkeit:* Einfache Bedienung und Integration in be-
  stehende Systeme

GenAI-Lösung: Ein KI-gestütztes Predictive Maintenance System, das Sensor-
daten analysiert und Wartungsbedarfe vorhersagt

Nutzen für das Unternehmen:

- *Reduzierte Ausfallzeiten:* Fahrzeuge sind seltener außer Betrieb
- *Kosteneinsparungen:* Geringere Wartungskosten durch vorausschauende
  Planung.
- *Verbesserte Kundenzufriedenheit:* Höhere Zuverlässigkeit und längere Lebens-
  dauer der Fahrzeuge

Das strukturierte Vorgehen

Formulierung des Anwendungsfalls mit der Satzschablone:

„Der Automobilhersteller hat das Problem, dass Fahrzeugausfallzeiten nicht minimiert werden können. Dies betrifft den Prozess der Optimierung und die Funktion der
Vorhersage, weil die Wartung der Fahrzeuge vorausschauend geplant werden muss,
um unerwartete Ausfälle zu vermeiden und die Betriebszeit zu maximieren."

Folgende Bewertungskriterien wurde identifiziert:

Prozess: Optimierung
Funktion: Vorhersage

Mögliche Lösungskandidaten in der Matrix: RenewPredict

Schritte zur schnellen Umsetzung

1. **Problem und Lösung grob abgleichen:**

   Lösung evaluieren
   RenewPredict bietet eine umfassende Lösung zur vorausschauenden Wartung und
   Optimierung von Fahrzeugen. Die Hauptkomponenten und Stärken umfassen:

- *Datenanalyse:* Nutzung von Fahrzeugdaten zur Identifikation von Mustern und Anomalien.
- *Vorhersagemodelle:* Einsatz von Machine Learning zur Vorhersage von Wartungsbedarf und potenziellen Ausfällen.
- *Automatisierte Benachrichtigungen:* Echtzeit-Benachrichtigungen über bevorstehende Wartungsarbeiten.
- *Integration:* Nahtlose Integration in bestehende Fahrzeugmanagementsysteme.
- *Berichterstattung:* Detaillierte Berichte und Analysen zur Unterstützung der Entscheidungsfindung

Gemeinsamkeiten prüfen
Identifiziere, welche dieser Komponenten für dein Problem relevant sind:
- Durch vorausschauende Wartung können die Ausfallzeiten des Fahrzeugs minimiert werden, was unter Anwendung von Datenanalysen und Vorhersagemodellen erreicht werden könnte.
- Automatisierte Benachrichtigungen können den Fahrer frühzeitig auf Wartungsbedarf und -intervalle hinweisen, wodurch unerwartete Ausfälle aufgrund von Verschleiß oder Defekten vermieden werden können.
- Durch nahtlose Integration in bestehende Fahrzeugsysteme würde sich die Effizienz der Wartungsplanung erhöhen lassen.
- Eine klare Berichterstattung könnte die Wahrscheinlichkeit für Fehlentscheidungen reduzieren, was sich letztendlich wiederum positiv auf die Betriebszeit des Fahrzeugs auswirkt.

Lücken identifizieren
Überprüfe die RenewPredict-Lösung auf nicht direkt übertragbare und somit anzupassende Aspekte:
- *Individuelle Anpassungen:* Identifizierung der individuellen Anforderungen und Fahrzeugtypen, an die RenewPredict angepasst werden müsste.
- *Integration:* Was ist zu tun, um RenewPredict in die bestehenden Systeme zu integrieren und eine nahtlose Wartungsplanung zu gewährleisten.
- *Erweiterungen:* Berücksichtigung zusätzlicher Module oder Anpassungen, um spezifische und komplexe Wartungsprozesse durchzuführen.

2. **Prototyp entwickeln:** Erstelle eine einfache Version der Lösung, die die wichtigsten Funktionen
3. **Testphase einleiten:** Teste den Prototyp in einer realistischen Umgebung und sammle Feedback.
4. **Iterieren**: Passe die Lösung basierend auf den Testergebnissen an und verbessere sie schrittweise.

4.4   Roadmap – Der Weg zum Ziel

Bis hierhin haben wir uns intensiv mit verschiedenen Methoden, Vorgehensweisen und Modellen beschäftigt. Die entscheidende Frage, die sich am Ende immer stellt, lautet: „Wie setze ich das Gelernte nun praktisch um?"

Um dir dabei zu helfen, gibt es die Roadmap als Orientierungshilfe und zeigt dir, wie du dein Vorhaben praktisch umsetzen kannst. Dabei ist sie in einzelne Phasen unterteilt, welche nacheinander chronologisch durchlaufen werden.

Zusätzlich findest du neben den einzelnen Phasen auch eine Liste der notwendigen Kompetenzen, welche benötigt werden, um die jeweilige Phase erfolgreich umsetzen zu können. Bei den Kompetenzen handelt es sich sowohl um fachliche als auch technische Fähigkeiten, welche es dir ermöglichen jede Phase zu meistern und das Projekt erfolgreich abzuschließen.

Die Roadmap gibt dir einen klaren Leitfaden an die Hand, mit dem du Schritt für Schritt das hier theoretisch erarbeitete Wissen auch in der Praxis mühelos anwendest Abb. 4.2. Sie ist dein Werkzeug, um immer den Überblick zu behalten und sicherzustellen, dass du dich auf dem richtigen Weg befindest.

Obwohl das Modell von Anfang bis Ende durchlaufen wird, ist es nicht starr. Vielmehr sollte es iterativ verstanden werden. Falls nötig, können einzelne Schritte jederzeit wiederholt und angepasst werden. Die enge Zusammenarbeit der verschiedenen Rollen stellt sicher, dass sowohl technische als auch fachliche Anforderungen vollumfänglich berücksichtigt werden.

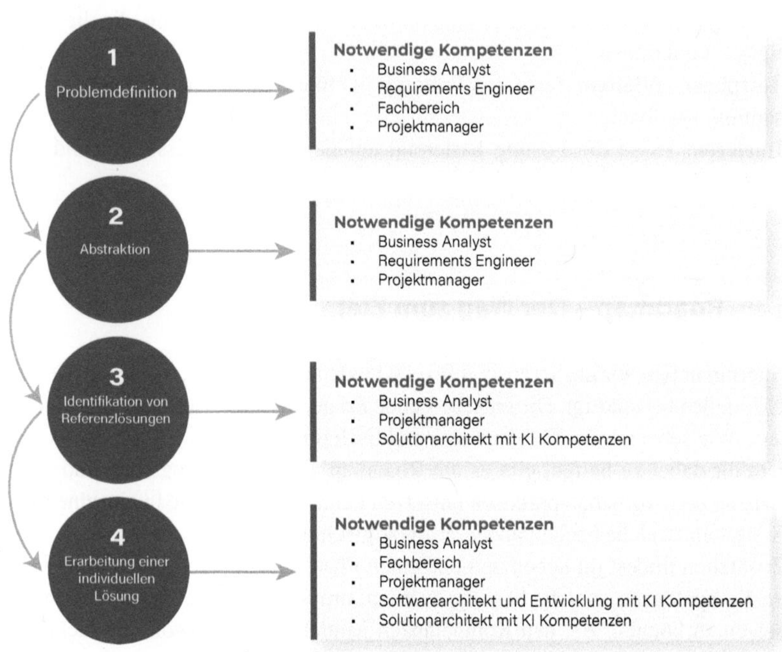

Abb. 4.2 Road-Map für Innovationen im Unternehmen

Fazit

5

GenAI bietet ein enormes Potenzial, Unternehmen zu optimieren, innovative Produkte zu entwickeln und ihre Wettbewerbsfähigkeit zu steigern. Eine gute Lösung alleine reicht jedoch nicht aus. Maßgeblich entscheidet auch das Vorgehen über den Erfolg. Während eine lange und umfangreiche Entwicklungszeit eventuell das perfekte Ergebnis liefert, hat die Konkurrenz zwischenzeitlich schon eine gleiche oder alternative Lösung auf den Markt gebracht. Am Ende winkt dann nur der zweite Platz und die Gefahr, den Anschluss zu verlieren.

Die in diesem Buch vorgestellte Methodik bietet eine effektive und effiziente Anleitung, um strukturiert von der Idee bis zum Roll-out der Lösung vorzugehen. Wie bereits eingangs erwähnt, muss das Rad nicht neu erfunden werden, nutze die Geschwindigkeit der Anpassung. Durch gezielte Adaption können zeitliche Verzögerungen im Neuentwicklungsprozess entlang der Wertschöpfungskette deutlich reduziert oder sogar gänzlich vermieden werden. Im besten Fall reagieren Unternehmen nach dem Pull-Prinzip und liefern dem Kunden den gewünschten Wert unmittelbar nach Entstehen des Bedarfs.

Für Großunternehmen und Konzerne bedeutet dies, dass sie ihre Organisationen anpassen müssen. Neben der Sicherung von Effizienz und Stabilität gilt es auch, insbesondere die Geschwindigkeit und Innovation niemals zu vernachlässigen. Erst dadurch können die Vorteile von GenAI vollumfänglich zur freien Entfaltung gebracht und Marktpositionen nachhaltig gestärkt werden.

Die Implementierung von GenAI-Lösungen ist kein rein technischer Vorgang. Sie erfordert eine sorgfältige Planung und klare Strategie. Eine erfolgreiche Integration dieser Technologien setzt voraus, dass die Unternehmen über die erforderlichen Ressourcen und Fähigkeiten verfügen. Neben technologischen Aspekten müssen Mitarbeiter auch am System geschult und gefördert werden, um

© Der/die Autor(en), exklusiv lizenziert an Springer-Verlag GmbH, DE,   49
ein Teil von Springer Nature 2026
C. Czarnecki et al., *Ideengenerierung mit KI*, essentials,
https://doi.org/10.1007/978-3-662-72544-3_5

einen effektiven und reibungslosen Umgang mit den neuen Lösungen sicherzustellen.

Da sich Technologien laufend weiterentwickeln erfordert dies von den Unternehmen stets flexibel zu bleiben und die Bereitschaft Strategien und Prozesse auch beizeiten anzupassen, gewohnte Wege zu verlassen und diese nicht stur zu verfolgen, weil sie nun einmal so definiert und entschieden wurden. Dies setzt voraus das die eingesetzten GenAI-Lösungen kontinuierlich überwacht und hinterfragt werden, was wiederum eine eigene Kultur der fortwährenden Verbesserung voraussetzt. Feedback und Lernen spielen dabei eine zentrale Rolle.

Aber auch ethische und rechtliche Implikationen bei der Nutzung der Lösungen müssen berücksichtigt werden. Transparente und verantwortungsvolle Praktiken schaffen Vertrauen, sowohl bei dem Anwender als auch generell in der gesamten Öffentlichkeit. Darunter fallen Aspekte wie Schutz der Privatsphäre, die Sicherstellung der Fairness und die Vermeidung von Diskriminierung.

Wie bei allen disruptiven Technologien, bietet auch GenAI immense Chancen und Möglichkeiten, jedoch auch teils große Herausforderungen. Jene Unternehmen, welche es verstehen diese Technologien effektiv zu nutzen und dabei die erforderlichen organisatorischen Anpassungen vorzunehmen, werden langfristig ihre Wettbewerbsfähigkeit steigern und somit ihren Erfolg sichern.

Die in diesem Buch vorgestellte Methodik bietet einen klaren Fahrplan, um diesen Weg erfolgreich zu beschreiten und die Vorteile von GenAI voll auszuschöpfen.

Wir wünschen dir viel Spaß und Erfolg!

Was Sie aus diesem *essential* mitnehmen können

- Einen klaren Fahrplan zur Umsetzung von GenAI-Innovationen, indem du vorhandene Lösungen auf deine Herausforderung überträgst:
  du musst nicht bei null anfangen. Du hast erfahren, wie du bestehende GenAI-Tools und Best Practices aus anderen Branchen adaptierst und weiterdenkst.
- Den Umgang mit der Prozesse-Funktionen-Matrix als Inspirations- und Analysewerkzeug:
  du hast ein System erhalten, mit dem du Herausforderungen kategorisieren, Lösungen systematisch einordnen und neue Innovationspfade entdecken kannst.
- Mehr Sicherheit bei der Umsetzung von KI-Projekten durch Fast-Lane oder Extensive Methode:
  Mit klaren Kriterien, Tools und Beispielen bist du in der Lage, die nächste GenAI-Initiative strukturiert zu starten – und dabei typische Stolperfallen zu vermeiden.

C. Czarnecki et al., *Ideengenerierung mit KI*, essentials,
https://doi.org/10.1007/978-3-662-72544-3